어린이 따라 쓰기 시리즈2

처음 시작하는 한자 따라쓰기

지은이 장은주
펴낸이 정규도
펴낸곳 (주)다락원

초판 1쇄 발행 2015년 5월 29일
5쇄 발행 2021년 7월 12일

편집총괄 최운선
책임편집 박소영

디자인 하태호, 이승현

다락원 경기도 파주시 문발로 211
내용문의: (02)736-2031 내선 275
구입문의: (02)736-2031 내선 250~252
Fax: (02)732-2037
출판등록 1977년 9월 16일 제406-2008-000007호

정가 10,000원

ISBN 978-89-277-4632-4 64710
978-89-277-4627-0 64080(set)

http://www.darakwon.co.kr
다락원 홈페이지를 통해 인터넷 주문을 하시면 자세한 정보와 함께 다양한 혜택
을 받으실 수 있습니다.

처음 시작하는
한자
따라쓰기

장은주 지음

다락원

"한자를 알고 있는 아이가
언어 이해력, 교과 이해력이 높습니다."

얼마 전 제기 된 '초등학교 교과서에 한자를 병기할 것인가' 하는 문제는 찬성과 반대의 입장에 서 모두의 목소리가 높습니다. 여러 사람의 이야기를 듣고 있으면, 초등학교 교과서에 한자를 병기하는 것을 찬성하든 아니든 간에 한자가 우리 언어생활에서 떼려야 뗄 수 없는 것이라는 생각에는 모두 공감을 하는 듯합니다. 우리말의 70% 정도가 한자어로 되어 있다는 사실 때문 이겠지요.

저는 한자를 병기하는 것이 좋은지, 병기하지 않는 것이 좋은지 알 수 없지만, 아이들을 가르치 는 입장에서 분명히 말씀드릴 수 있는 것은 한자를 알고 있는 아이가 그렇지 않은 아이보다 언 어 이해력, 교과 이해력이 높다는 것입니다. 한자로 이루어진 단어가 의미하는 뜻을 보다 분명 하게 알고 있으니 그럴 수밖에요.

한자는 그 양이 너무 많아 하루아침에 다 깨치기는 어려운 글자지요. 그래서 시간적 여유가 있 는 유·초등기의 아이들, 혹은 세상 모든 것들이 다 재미있게 느껴져 한자의 생김생김에까지 호 감을 보이는 어린아이들에게 이 책을 권합니다. 조금씩 조금씩 재미있게 연습하다 보면 긴 시 간 후에는 실력으로 쌓여 있을 테니까요.

한 방울 한 방울 떨어지는 물방울이 나중에 바위도 뚫게 되듯이 매일 한 자, 한 자 연습하여서 누가 흔들어도 무너지지 않는 딴딴한 실력을 쌓아가길 바랍니다.

지은이 장은주

차례

8급

7급Ⅱ

7급

한자를 바르게 쓰는 순서가 있나요?

한자는 하나 또는 몇 개의 점이나 선으로 이루어져 있어요. 붓을 한 번 움직여 쓸 수 있는 하나하나의 점이나 선을 '획'이라 하고, 이 획을 쓰는 순서를 '필순'이라고 해요.

한글이나 알파벳도 쓰는 순서가 있듯이 한자도 쓰는 순서가 있어요. 오랜 시간 동안 많은 사람이 써 오면서 한자를 바르고 정확하게 쓰기 위해 몇 가지 원칙을 정해 놓았지요.

필순의 일반적인 원칙에 따라 복잡하게 생긴 한자를 한 획씩 쓰다 보면 점점 바르고 예쁜 한자를 쓸 수 있답니다.

획의 모양과 명칭

필순의 일반적인 원칙

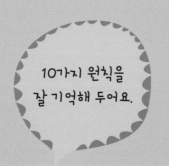

위에서 아래로 씁니다.

왼쪽에서 오른쪽으로 씁니다.

왼쪽과 오른쪽이 대칭일 때는 가운데 획을 먼저 씁니다.

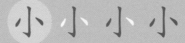

가로획과 세로획이 만날 때는 가로획을 먼저 쓰고 세로획을 나중에 씁니다.

十 十 十

안쪽과 바깥쪽이 있을 때는 바깥쪽을 먼저 쓰고 안쪽은 나중에 씁니다.

同 同 同 同 同 同 同

몸을 먼저 쓰고 안은 나중에 쓰나, 글자의 밑은 맨 마지막에 씁니다.

國 國 國 國 國 國 國 國 國 國 國 國

삐침과 파임이 만날 때는 삐침을 먼저 씁니다.

父 父 父 父 父

글자 전체를 꿰뚫는 획은 나중에 씁니다.

中 中 中 中 中

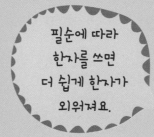

필순에 따라
한자를 쓰면
더 쉽게 한자가
외워져요.

받침은 나중에 씁니다.

近 近 近 近 近 近 近 近 近

오른쪽 위에 있는 점은 맨 나중에 찍습니다.

代 代 代 代 代 代

8급

그림에서 8급 한자 50자를 찾아보세요.

숫자에 관련된 한자
一 二 三 四 五 六 七 八
九 十 萬

가족에 관련된 한자
父 母 兄 弟 女

방향에 관련된 한자
東 西 南 北 外

자연에 관련된 한자
日 月 水 木 山 土 火 金

나라에 관련된 한자
國 民 人 王 韓 軍

학교에 관련된 한자
學 教 校 室 先 生 門 年

상태를 나타내는 한자
大 中 小 長 寸 青 白

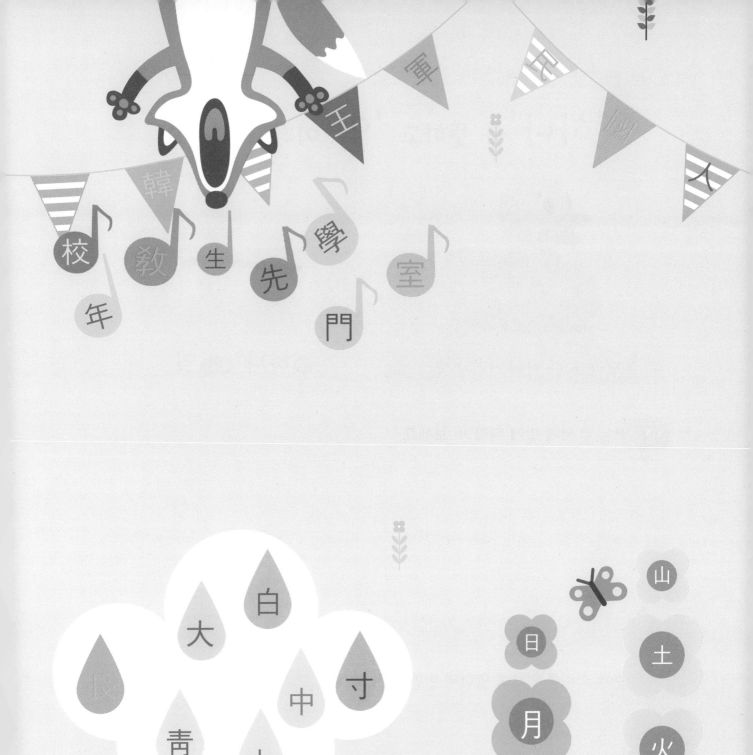

'하나'를 뜻하고 '일'이라고 읽어요.

오리가 한 마리, 하나 일

뜻 하나 소리 일

쓰는 순서에 맞게 따라 써 보세요.

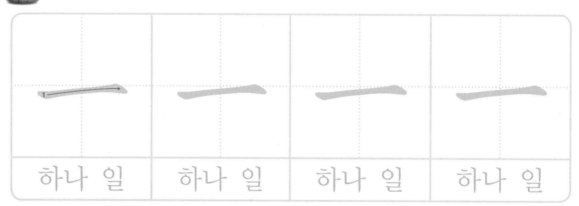

하나 일	하나 일	하나 일	하나 일

 뜻과 소리를 입으로 말하며 빈칸에 써 보세요.

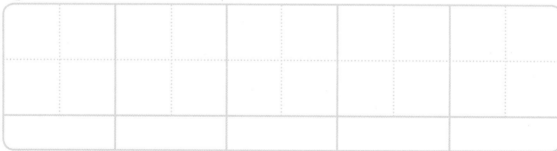

엄마는 나들이 갈 때 *일회용 젓가락을 챙기셨다.
*一回用(일회용): 한 번 쓰고 버리게 된 용도의 물건

어떻게 활용할까요?

'둘'을 뜻하고 '이'라고 읽어요.

아기 고양이가 두 마리, 두 이

二

뜻 두　소리 이

 쓰는 순서에 맞게 따라 써 보세요.

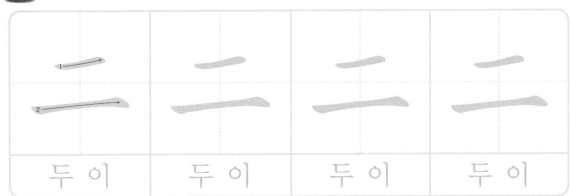

두 이	두 이	두 이	두 이

 뜻과 소리를 입으로 말하며 빈칸에 써 보세요.

유리그릇이 깨지지 않게 *이중으로 포장하였다.
*二重(이중): 두 겹. 또는 두 번 거듭되거나 겹침

어떻게
활용
할까요?

13

'셋'을 뜻하고 '삼'이라고 읽어요.

피망이 세 개, 셋 삼

뜻 셋 소리 삼

👀 쓰는 순서에 맞게 따라 써 보세요.

| 셋 삼 | 셋 삼 | 셋 삼 | 셋 삼 |

🤖 뜻과 소리를 입으로 말하며 빈칸에 써 보세요.

*<u>삼시</u> 세 끼니를 잘 챙겨 먹어라.
*三時(삼시): 아침, 점심, 저녁의 세 끼니

어떻게 활용할까요?

'넷'을 뜻하고 '사'라고 읽어요.

컵케이크가 네 개, 넷 사

四

뜻 넷 소리 사

쓰는 순서에 맞게 따라 써 보세요.

四	四	四	四
넷 사	넷 사	넷 사	넷 사

뜻과 소리를 입으로 말하며 빈칸에 써 보세요.

우리나라는 *사계절이 뚜렷한 나라입니다.
*四季節(사계절): 봄, 여름, 가을, 겨울을 이르는 말

어떻게 활용 할까요?

'다섯'을 뜻하고 '오'라고 읽어요.

강아지가 다섯 마리, 다섯 오

뜻 다섯 소리 오

 쓰는 순서에 맞게 따라 써 보세요.

五	五	五	五
다섯 오	다섯 오	다섯 오	다섯 오

뜻과 소리를 입으로 말하며 빈칸에 써 보세요.

큰 배는 *오대양을 누비며 나아갔다.
*五大洋(오대양): 지구에 있는 다섯 개의 큰 바다

어떻게 활용할까요?

16

'여섯'을 뜻하고 '륙'이라고 읽어요.

아이들이 여섯 명, 여섯 륙

六

뜻 여섯 소리 륙

 쓰는 순서에 맞게 따라 써 보세요.

六	六	六	六
여섯 륙	여섯 륙	여섯 륙	여섯 륙

뜻과 소리를 입으로 말하며 빈칸에 써 보세요.

세은이는 *육 년 동안 발레를 배웠습니다.
*六年(육 년): 여섯 해

어떻게 활용할까요?

'일곱'을 뜻하고 '칠'이라고 읽어요.

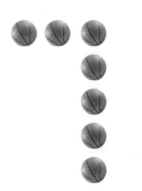

농구공이 일곱 개, 일곱 칠

뜻 일곱   소리 칠

쓰는 순서에 맞게 따라 써 보세요.

| 일곱 칠 | 일곱 칠 | 일곱 칠 | 일곱 칠 |

 뜻과 소리를 입으로 말하며 빈칸에 써 보세요.

*칠월이 되니 날씨가 무더워졌다.
*七月(칠월): 한 해 열두 달 가운데 일곱째 달

18

'여덟'을 뜻하고 '팔'이라고 읽어요.

꽃 여덟 송이, 여덟 팔

八

뜻 여덟 소리 팔

쓰는 순서에 맞게 따라 써 보세요.

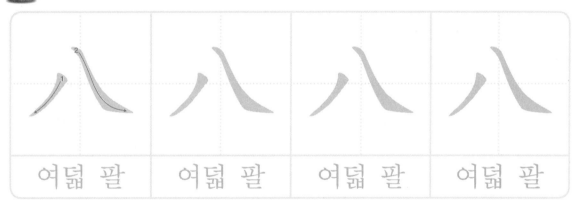

| 여덟 팔 | 여덟 팔 | 여덟 팔 | 여덟 팔 |

뜻과 소리를 입으로 말하며 빈칸에 써 보세요.

나는 공부, 운동, 미술을 모두 잘하는 *팔방미인이다.

*八方美人(팔방미인): 여러 방면에 능통하여 잘하는 사람

어떻게 활용할까요?

19

'아홉'을 뜻하고 '구'라고 읽어요.

九

뜻 아홉　소리 구

체리가 아홉 개, 아홉 구

 쓰는 순서에 맞게 따라 써 보세요.

九	九	九	九
아홉 구	아홉 구	아홉 구	아홉 구

뜻과 소리를 입으로 말하며 빈칸에 써 보세요.

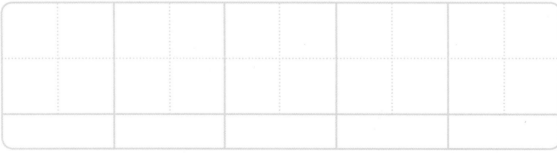

*구구단을 외우는 일은 힘들어요.
*九九段(구구단): 1에서 9까지의 수를 두 수끼리 곱해서 나타낸 값

어떻게 활용할까요?

'**열**'을 뜻하고 '**십**'이라고 읽어요.

계란이 열 개, 열 십

뜻 **열** 소리 **십**

쓰는 순서에 맞게 따라 써 보세요.

| 열 십 | 열 십 | 열 십 | 열 십 |

뜻과 소리를 입으로 말하며 빈칸에 써 보세요.

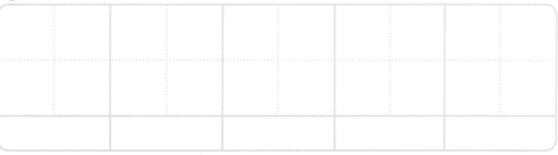

그 가수는 *십 대 소녀들의 큰 지지를 받고 있어요.
*十代(십 대): 열 살부터 열아홉 살까지의 나이층

어떻게 활용할까요?

'일만'을 뜻하고 '만'이라고 읽어요.

셀 수 없이 많은 불빛, 일만 만

뜻 일만　소리 만

쓰는 순서에 맞게 따라 써 보세요.

萬	萬	萬	萬
일만 만	일만 만	일만 만	일만 만

뜻과 소리를 입으로 말하며 빈칸에 써 보세요.

*만일의 경우에 대비해 일회용 밴드를 챙겨가거라.
*萬一(만일): 만 가운데 하나. 혹시 있을지도 모르는 뜻밖의 경우

어떻게 활용할까요?

'아버지'를 뜻하고 '부'라고 읽어요.

아기를 돌보시는 아버지, 아버지 부

父

뜻 아버지 소리 부

쓰는 순서에 맞게 따라 써 보세요.

父	父	父	父
아버지 부	아버지 부	아버지 부	아버지 부

뜻과 소리를 입으로 말하며 빈칸에 써 보세요.

옆집 준호네는 *부자가 똑같이 생겼어.
*父子(부자): 아버지와 아들을 함께 이르는 말

'어머니'를 뜻하고 '모'라고 읽어요.

새끼를 품은 엄마 캥거루, 어머니 모

뜻 어머니　소리 모

 쓰는 순서에 맞게 따라 써 보세요.

| 어머니 모 | 어머니 모 | 어머니 모 | 어머니 모 |

뜻과 소리를 입으로 말하며 빈칸에 써 보세요.

어머니의 *모성애는 이 세상 무엇보다 강합니다.
*母性愛(모성애): 자식에 대한 어머니의 본능적인 사랑

어떻게 활용할까요?

'형'을 뜻하고 '형'이라고 읽어요.

동생을 사랑하는 형, 형 형

⊙뜻 형 ⊙소리 형

👀 쓰는 순서에 맞게 따라 써 보세요.

| 형 형 | 형 형 | 형 형 | 형 형 |

👾 뜻과 소리를 입으로 말하며 빈칸에 써 보세요.

엄마, *형제가 많은 친구가 부러워요.
*兄弟(형제): 형과 아우를 함께 이르는 말

25

'아우'를 뜻하고 '제'라고 읽어요.

형과 닮은 동생, 아우 제

弟

(뜻) 아우 (소리) 제

쓰는 순서에 맞게 따라 써 보세요.

弟	弟	弟	弟
아우 제	아우 제	아우 제	아우 제

 뜻과 소리를 입으로 말하며 빈칸에 써 보세요.

*제수씨, 이리 와서 함께 드세요.
*弟嫂(제수): 남자 동생의 아내를 이르는 말

어떻게 활용할까요?

'여자'를 뜻하고 '녀'라고 읽어요.

딸, 여자를 나타내는 **여자 녀**

女

뜻 **여자** 소리 **녀**

 쓰는 순서에 맞게 따라 써 보세요.

女	女	女	女
여자 녀	여자 녀	여자 녀	여자 녀

쓰는 뜻과 소리를 입으로 말하며 빈칸에 써 보세요.

나는 심청이 같은 *효녀가 될 거에요.
***孝女(효녀)**: 부모를 잘 섬기는 딸

'동녘'을 뜻하고 '동'이라고 읽어요.

해가 뜨는 동쪽, 동녘 동

뜻 동녘 소리 동

 쓰는 순서에 맞게 따라 써 보세요.

| 동녘 동 | 동녘 동 | 동녘 동 | 동녘 동 |

뜻과 소리를 입으로 말하며 빈칸에 써 보세요.

나는 *동해 바다 중 경포대가 제일 좋아.
*東海(동해): 우리나라의 동쪽에 있는 바다

'서녘'을 뜻하고 '서'라고 읽어요.

해가 지는 서쪽, 서녘 서

뜻 서녘 소리 서

 쓰는 순서에 맞게 따라 써 보세요.

西	西	西	西
서녘 서	서녘 서	서녘 서	서녘 서

뜻과 소리를 입으로 말하며 빈칸에 써 보세요.

*서양 사람들은 큰 눈과 높은 코를 가지고 있어요.
*西洋(서양): 유럽과 남북아메리카의 여러 나라를 통틀어 이르는 말.

'남녘'을 뜻하고 '남'이라고 읽어요.

우리나라 남쪽 섬 제주도, 남녘 남

뜻 남녘 소리 남

 쓰는 순서에 맞게 따라 써 보세요.

南	南	南	南
남녘 남	남녘 남	남녘 남	남녘 남

뜻과 소리를 입으로 말하며 빈칸에 써 보세요.

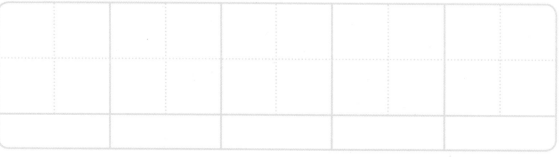

*남극에는 펭귄이 살고 있어요.
*南極(남극): 지구 자전축의 남쪽 끝

'북녘'을 뜻하고 '북'이라고 읽어요.

나침반의 빨간 바늘은 북쪽, 북녘 북

뜻 북녘 소리 북

👀 쓰는 순서에 맞게 따라 써 보세요.

| 북녘 북 | 북녘 북 | 북녘 북 | 북녘 북 |

🤖 뜻과 소리를 입으로 말하며 빈칸에 써 보세요.

*북한에 있는 금강산에 꼭 가보고 싶어요.
*北韓(북한): 남북으로 분단된 대한민국의 북쪽 지역

어떻게 활용할까요?

31

'바깥'을 뜻하고 '외'라고 읽어요.

바깥 놀이는 항상 즐거워요, 바깥 외

뜻 **바깥** 소리 **외**

 쓰는 순서에 맞게 따라 써 보세요.

바깥 외	바깥 외	바깥 외	바깥 외

뜻과 소리를 입으로 말하며 빈칸에 써 보세요.

비가 오니까 *외출할 때 우산을 꼭 챙기거라.
*外出(외출): 밖으로 나감

어떻게 활용할까요?

'해'를 뜻하고 '일'이라고 읽어요.

밝고 따뜻한 태양, 해 일

뜻 해 소리 일

 쓰는 순서에 맞게 따라 써 보세요.

日	日	日	日
해 일	해 일	해 일	해 일

뜻과 소리를 입으로 말하며 빈칸에 써 보세요.

우리 가족은 새해 첫날에 *일출을 보러 가요.

*日出(일출): 해가 뜸. 해돋이

'달'을 뜻하고 '월'이라고 읽어요.

별과 함께 빛나는 달, 달 월

뜻 달 소리 월

 쓰는 순서에 맞게 따라 써 보세요.

月	月	月	月
달 월	달 월	달 월	달 월

뜻과 소리를 입으로 말하며 빈칸에 써 보세요.

다음 달 4일에 개기*월식이 일어나겠습니다.

*月蝕(월식): 달이 지구의 그림자에 가려지는 현상

어떻게 활용할까요?

'물'을 뜻하고 '수'라고 읽어요.

목마름을 풀어주는 물, 물 수

水

뜻 물 소리 수

👀 쓰는 순서에 맞게 따라 써 보세요.

水	水	水	水
물 수	물 수	물 수	물 수

🤖 뜻과 소리를 입으로 말하며 빈칸에 써 보세요.

이 바다는 *수심이 깊어 물놀이가 금지되어 있습니다.
*水深(수심): 강이나 바다, 호수 등의 물의 깊이

어떻게 활용할까요?

'나무'를 뜻하고 '목'이라고 읽어요.

과일이 주렁주렁 열린 나무, 나무 목

뜻 나무 소리 목

쓰는 순서에 맞게 따라 써 보세요.

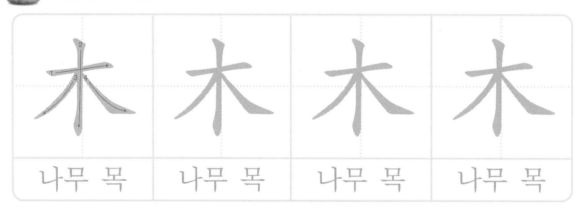

| 나무 목 | 나무 목 | 나무 목 | 나무 목 |

뜻과 소리를 입으로 말하며 빈칸에 써 보세요.

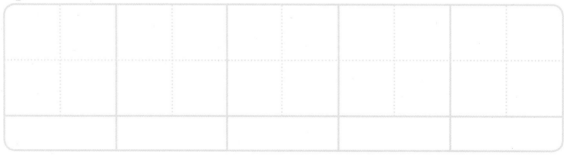

이번 식목일에 *묘목을 정성 들여 심었습니다.
*苗木(묘목): 옮겨 심는 어린나무. 모종나무

'산'을 뜻하고 '산'이라고 읽어요.

우뚝 솟은 높은 산, 산 산

山

뜻 산 소리 산

쓰는 순서에 맞게 따라 써 보세요.

| 산 산 | 산 산 | 산 산 | 산 산 |

뜻과 소리를 입으로 말하며 빈칸에 써 보세요.

이 곳은 *산적들의 소굴입니다.
*山賊(산적): 산속에 살며 사람들의 재물을 뺏는 도둑

어떻게 활용할까요?

'흙'을 뜻하고 '토'라고 읽어요.

식물을 자라게 해 주는 흙, 흙 토

뜻 흙 소리 토

 쓰는 순서에 맞게 따라 써 보세요.

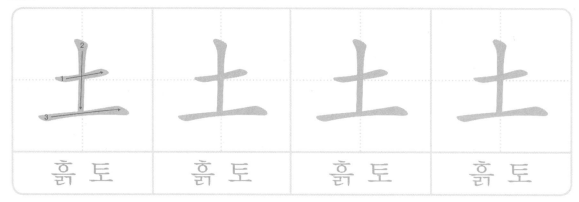

| 흙 토 | 흙 토 | 흙 토 | 흙 토 |

뜻과 소리를 입으로 말하며 빈칸에 써 보세요.

민속촌에서 *토기 만들기 체험을 했어요.

*土器(토기): 흙으로 만든 그릇

어떻게 활용 할까요?

'불'을 뜻하고 '화'라고 읽어요.

사람들을 따뜻하게 해 주는 불, 불 화

뜻 불 소리 화

쓰는 순서에 맞게 따라 써 보세요.

火	火	火	火
불 화	불 화	불 화	불 화

뜻과 소리를 입으로 말하며 빈칸에 써 보세요.

뜨거운 국이 엎어지는 바람에 *화상을 입었습니다.

*火傷(화상): 불이나 뜨거운 열에 데어서 피부가 상함, 또는 그 상처

어떻게 활용할까요?

'쇠'를 뜻하고 '금'이라고 읽어요.

쇠로 만든 다리, 쇠 금

金
뜻 쇠　소리 금

쓰는 순서에 맞게 따라 써 보세요.

金	金	金	金
쇠 금	쇠 금	쇠 금	쇠 금

뜻과 소리를 입으로 말하며 빈칸에 써 보세요.

호른, 트럼본, 트럼펫, 튜바 등을 *금관악기라고 합니다.

*金管(금관): 쇠붙이로 만든 피리

어떻게
활용
할까요?

'나라'를 뜻하고 '국'이라고 읽어요.

아름다운 우리나라, 나라 국

뜻 나라 소리 국

 쓰는 순서에 맞게 따라 써 보세요.

國	國	國	國
나라 국	나라 국	나라 국	나라 국

뜻과 소리를 입으로 말하며 빈칸에 써 보세요.

우리 식당은 *국내산 고춧가루로 김치를 만듭니다.
*國內産(국내산): 나라 안에서 생산한 것

어떻게 활용할까요?

41

'백성'을 뜻하고 '민'이라고 읽어요.

한 나라에 살고 있는 사람들, 백성 민

뜻 백성 소리 민

 쓰는 순서에 맞게 따라 써 보세요.

| 백성 민 | 백성 민 | 백성 민 | 백성 민 |

뜻과 소리를 입으로 말하며 빈칸에 써 보세요.

월드컵 16강 진출을 온 *국민이 바라고 있습니다.

*國民(국민): 한 나라에 살고 있는 사람. 백성

'사람'을 뜻하고 '인'이라고 읽어요.

서로 다른 사람들, 사람 인

뜻 사람 소리 인

쓰는 순서에 맞게 따라 써 보세요.

人	人	人	人
사람 인	사람 인	사람 인	사람 인

뜻과 소리를 입으로 말하며 빈칸에 써 보세요.

최근 농촌의 *인구가 점차 늘어나고 있다고 합니다.

*人口(인구): 일정한 지역에 사는 사람의 수

어떻게 활용할까요?

'임금'을 뜻하고 '왕'이라고 읽어요.

세종대왕

백성들을 잘 다스리신 임금님, 임금 왕

(뜻) 임금 (소리) 왕

 쓰는 순서에 맞게 따라 써 보세요.

王	王	王	王
임금 왕	임금 왕	임금 왕	임금 왕

뜻과 소리를 입으로 말하며 빈칸에 써 보세요.

어린 *왕자는 여우와 친구가 되었어요.

*王子(왕자): 임금의 아들

44

'한국'을 뜻하고 '한'이라고 읽어요.

우리나라 대한민국, 한국 한

뜻 한국 소리 한

 쓰는 순서에 맞게 따라 써 보세요.

韓	韓	韓	韓
한국 한	한국 한	한국 한	한국 한

뜻과 소리를 입으로 말하며 빈칸에 써 보세요.

설날에 *한복을 입고 세배를 해요.
*韓服(한복): 우리나라의 고유한 옷

어떻게
활용
할까요?

'군사'를 뜻하고 '군'이라고 읽어요.

soldier

나라를 지키는 씩씩한 군인, 군사 군

뜻 군사 소리 군

👀 쓰는 순서에 맞게 따라 써 보세요.

| 군사 군 | 군사 군 | 군사 군 | 군사 군 |

🤖 뜻과 소리를 입으로 말하며 빈칸에 써 보세요.

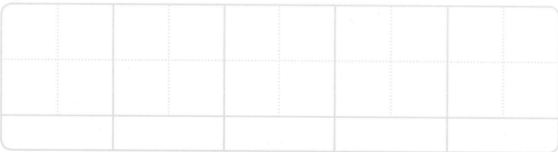

우리나라를 지켜주시는 *군인 아저씨, 정말 감사합니다.
*軍人(군인): 군대에서 복무하는 사람

어떻게 활용할까요?

46

'배우다'를 뜻하고 '학'이라고 읽어요.

글자를 배워요, 배울 학

學

뜻 배울 소리 학

쓰는 순서에 맞게 따라 써 보세요.

| 배울 학 | 배울 학 | 배울 학 | 배울 학 |

뜻과 소리를 입으로 말하며 빈칸에 써 보세요.

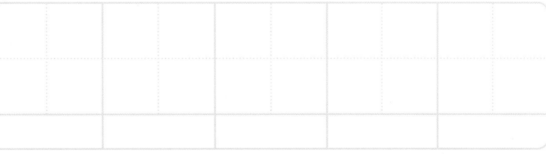

이모께서 *학용품을 선물해 주셨습니다.
*學用品(학용품): 학습에 필요한 온갖 물품

어떻게 활용할까요?

47

'가르치다'를 뜻하고 '교'라고 읽어요.

가르쳐 주시는 선생님, 가르칠 교

教

뜻 가르칠　소리 교

 쓰는 순서에 맞게 따라 써 보세요.

教	教	教	教
가르칠 교	가르칠 교	가르칠 교	가르칠 교

뜻과 소리를 입으로 말하며 빈칸에 써 보세요.

나의 장래 희망 직업은 *교사입니다.

*教師(교사): 학교에서 일정한 자격을 가지고 학생을 가르치는 사람

어떻게 활용할까요?

'학교'를 뜻하고 '교'라고 읽어요.

친구들과 함께 배우는 곳, 학교 교

校

뜻 학교   소리 교

쓰는 순서에 맞게 따라 써 보세요.

校	校	校	校
학교 교	학교 교	학교 교	학교 교

뜻과 소리를 입으로 말하며 빈칸에 써 보세요.

엄마, *학교에 다녀오겠습니다.

*學校(학교): 법에 의하여 교사가 학생에게 교육을 실시하는 기관

어떻게 활용할까요?

'방'을 뜻하고 '실'이라고 읽어요.

의자가 놓여 있는 방, 방 실

室

뜻 방 소리 실

쓰는 순서에 맞게 따라 써 보세요.

室	室	室	室
방 실	방 실	방 실	방 실

뜻과 소리를 입으로 말하며 빈칸에 써 보세요.

우리 *교실은 2층에 있습니다.
*教室(교실): 유치원이나 학교에서 학습 활동이 이루어지는 방

어떻게 활용 할까요?

'먼저'를 뜻하고 '선'이라고 읽어요.

누가 먼저 달리나, 먼저 선

뜻 먼저 소리 선

 쓰는 순서에 맞게 따라 써 보세요.

先	先	先	先
먼저 선	먼저 선	먼저 선	먼저 선

뜻과 소리를 입으로 말하며 빈칸에 써 보세요.

6학년 *선배들은 동생들을 잘 도와줍니다.

*先輩(선배): 학교에 먼저 입학한 사람

어떻게
활용
할까요?

'낳다'를 뜻하고 '생'이라고 읽어요.

새끼를 낳아요, 낳을 생

生

뜻 낳을 소리 생

 쓰는 순서에 맞게 따라 써 보세요.

生	生	生	生
낳을 생	낳을 생	낳을 생	낳을 생

뜻과 소리를 입으로 말하며 빈칸에 써 보세요.

우리 *선생님은 참 친절하십니다.

*先生(선생): 먼저 태어나서 배운 사람으로 학생을 가르치는 사람

어떻게 활용할까요?

52

'문'을 뜻하고 '문'이라고 읽어요.

교실 문이 활짝 열렸어요, 문 문

門

뜻 문 소리 문

쓰는 순서에 맞게 따라 써 보세요.

門	門	門	門
문 문	문 문	문 문	문 문

뜻과 소리를 입으로 말하며 빈칸에 써 보세요.

엄마는 우산을 들고 *교문 앞에서 기다리고 계셨습니다.

*校門(교문): 학교의 문

어떻게 활용 할까요?

'해'를 뜻하고 '년'이라고 읽어요.

1년은 12달, 해 년

年

뜻 해 소리 년

 쓰는 순서에 맞게 따라 써 보세요.

年	年	年	年
해 년	해 년	해 년	해 년

 뜻과 소리를 입으로 말하며 빈칸에 써 보세요.

내 동생은 *내년에 초등학교에 입학해요.
*來年(내년): 올해의 다음 해

어떻게 활용할까요?

'크다'를 뜻하고 '대'라고 읽어요.

코끼리는 커요, 큰 대

뜻 큰 소리 대

쓰는 순서에 맞게 따라 써 보세요.

大	大	大	大
큰대	큰대	큰대	큰대

뜻과 소리를 입으로 말하며 빈칸에 써 보세요.

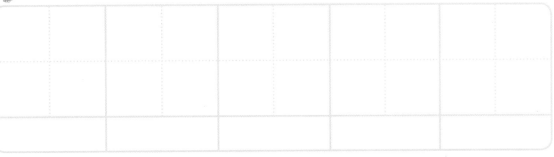

다음 달에 지구촌 *최대 축제 월드컵이 열려요.

*最大(최대): 수나 양이 가장 큼

'가운데'를 뜻하고 '중'이라고 읽어요.

가운데 빨간 사과, 가운데 중

뜻 가운데 소리 중

쓰는 순서에 맞게 따라 써 보세요.

| 가운데 중 | 가운데 중 | 가운데 중 | 가운데 중 |

뜻과 소리를 입으로 말하며 빈칸에 써 보세요.

서울의 *중심 광화문에는 세종대왕상이 있습니다.
*中心(중심): 사물의 한가운데

어떻게 활용할까요?

'작다'를 뜻하고 '소'라고 읽어요.

작은 병아리, 작을 소

小

뜻 작을 소리 소

쓰는 순서에 맞게 따라 써 보세요.

小	小	小	小
작을 소	작을 소	작을 소	작을 소

뜻과 소리를 입으로 말하며 빈칸에 써 보세요.

이 놀이동산에서는 *소인이 무료입장입니다.

*小人(소인): 나이가 어리고 몸집이 작은 사람

어떻게 활용 할까요?

'길다'를 뜻하고 '장'이라고 읽어요.

목이 긴 기린들, 길 장

(뜻) 길 (소리) 장

쓰는 순서에 맞게 따라 써 보세요.

| 길 장 | 길 장 | 길 장 | 길 장 |

뜻과 소리를 입으로 말하며 빈칸에 써 보세요.

비 오는 날엔 *장화를 신고 나가거라.
*長靴(장화): 목이 길게 올라오는 신

어떻게 활용할까요?

'마디'를 뜻하고 '촌'이라고 읽어요.

대나무의 아주 작은 한 마디, 마디 촌

(뜻) 마디 (소리) 촌

쓰는 순서에 맞게 따라 써 보세요.

| 마디 촌 | 마디 촌 | 마디 촌 | 마디 촌 |

뜻과 소리를 입으로 말하며 빈칸에 써 보세요.

*촌각을 다투는 급박한 상황입니다.
*寸刻(촌각): 매우 짧은 동안의 시간

어떻게 활용할까요?

'푸르다'를 뜻하고 '청'이라고 읽어요.

푸른 하늘과 뭉게구름, 푸를 청

뜻 푸를 소리 청

쓰는 순서에 맞게 따라 써 보세요.

靑	靑	靑	靑
푸를 청	푸를 청	푸를 청	푸를 청

뜻과 소리를 입으로 말하며 빈칸에 써 보세요.

*청포도는 7~8월이 제철입니다.
*靑葡萄(청포도): 다 익어도 색이 푸른 종류의 포도

어떻게 활용 할까요?

'희다'를 뜻하고 '백'이라고 읽어요.

흰색 토끼 한 마리, 흰 백

뜻 흰 소리 백

🐹 쓰는 순서에 맞게 따라 써 보세요.

白	白	白	白
흰 백	흰 백	흰 백	흰 백

🤖 뜻과 소리를 입으로 말하며 빈칸에 써 보세요.

오늘 동물원에서 *백호를 봤어요.
*白虎(백호): 흰 털을 가진 호랑이

7급 II

그림에서 7급Ⅱ 한자 50자를 찾아보세요.

가족에 관련된 한자
家 姓 名 孝 男 子

방향에 관련된 한자
方 上 下 左 右 前 後 內

마을에 관련된 한자
海 江 道 市 場 農 空 世 漢

내 몸에 관련된 한자
自 手 足 活 氣 力 動 立
話 安 食 記 答

직장에 관련된 한자
事 物 工 車 時 間 午 每 電

마음가짐에 관련된 한자
正 直 不 平 全

'집'을 뜻하고 '가'라고 읽어요.

가족이 모여 사는 집, 집 가

(뜻) 집 (소리) 가

쓰는 순서에 맞게 따라 써 보세요.

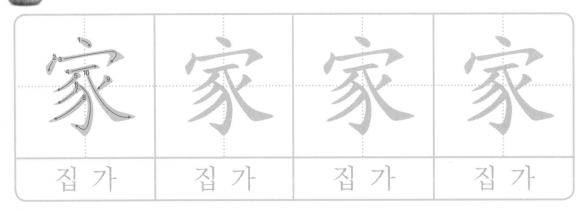

| 집 가 | 집 가 | 집 가 | 집 가 |

뜻과 소리를 입으로 말하며 빈칸에 써 보세요.

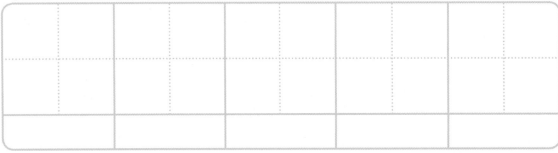

우리 *가족은 모두 다섯 명입니다.
*家族(가족): 부부를 중심으로 한 친족 관계에 있는 사람들의 집단

어떻게 활용 할까요?

'성씨'를 뜻하고 '성'이라고 읽어요.

우리 가족의 성은 이 씨, 성씨 성

뜻 성씨 소리 성

 쓰는 순서에 맞게 따라 써 보세요.

姓	姓	姓	姓
성씨 성	성씨 성	성씨 성	성씨 성

뜻과 소리를 입으로 말하며 빈칸에 써 보세요.

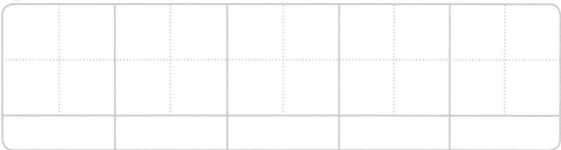

회원 가입을 위해 *성명과 전화번호를 적어주세요.
*姓名(성명): 성과 이름

65

'이름'을 뜻하고 '명'이라고 읽어요.

부모님이 지어주신 이름, 이름 명

뜻 이름 소리 명

쓰는 순서에 맞게 따라 써 보세요.

名	名	名	名
이름 명	이름 명	이름 명	이름 명

뜻과 소리를 입으로 말하며 빈칸에 써 보세요.

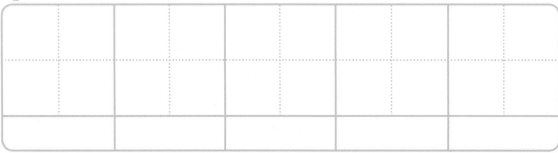

'종로'라는 *지명은 '보신각 종이 있는 길'이라는 뜻이다.
*地名(지명): 마을이나 산, 지역의 이름

어떻게 활용할까요?

'효도'를 뜻하고 '효'라고 읽어요.

부모님을 잘 섬기는 일, 효도 효

뜻 효도 소리 효

쓰는 순서에 맞게 따라 써 보세요.

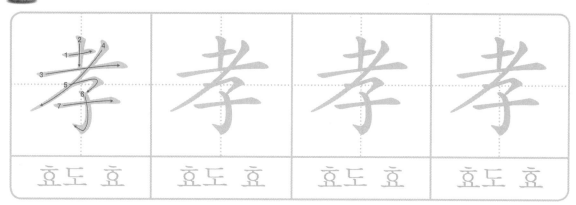

| 효도 효 | 효도 효 | 효도 효 | 효도 효 |

뜻과 소리를 입으로 말하며 빈칸에 써 보세요.

우리 아버지는 부모님의 뜻을 잘 받드는 *효자이십니다.

*孝子(효자): 어버이를 잘 섬기는 아들

어떻게 활용 할까요?

'사내'를 뜻하고 '남'이라고 읽어요.

아빠와 나는 남자예요, 사내 남

男

뜻 사내 소리 남

 쓰는 순서에 맞게 따라 써 보세요.

男	男	男	男
사내 남	사내 남	사내 남	사내 남

뜻과 소리를 입으로 말하며 빈칸에 써 보세요.

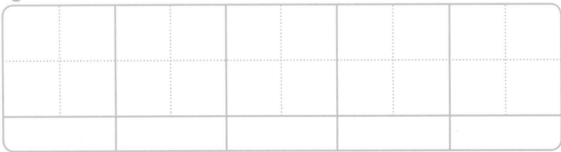

남동생은 아빠를 따라 *남탕으로 갔습니다.
*男湯(남탕): 남자만 쓰는 목욕탕

어떻게 활용 할까요?

'아들'을 뜻하고 '자'라고 읽어요.

아들로 태어났어요, 아들 자

子

뜻 아들 소리 자

👀 쓰는 순서에 맞게 따라 써 보세요.

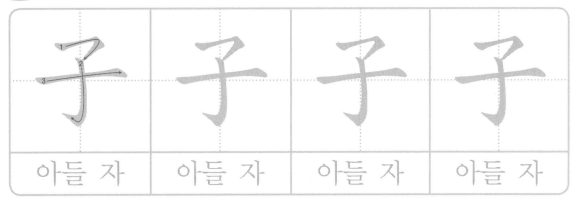

子	子	子	子
아들 자	아들 자	아들 자	아들 자

🤖 뜻과 소리를 입으로 말하며 빈칸에 써 보세요.

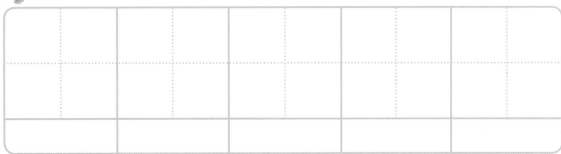

이 그림은 *자손 대대로 물려주어야 할 보배입니다.

*子孫(자손): 자식과 손자

어떻게 활용할까요?

69

'방위'를 뜻하고 '방'이라고 읽어요.

동서남북의 네 방위, 방위 방

方

뜻 방위 소리 방

쓰는 순서에 맞게 따라 써 보세요.

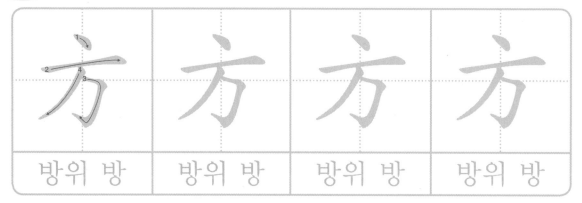

| 방위 방 | 방위 방 | 방위 방 | 방위 방 |

뜻과 소리를 입으로 말하며 빈칸에 써 보세요.

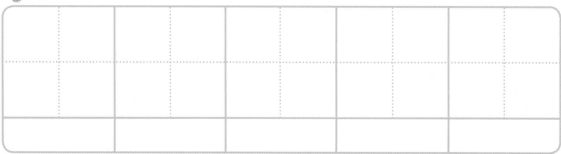

달리기 계주에서 준호는 반대 *방향으로 뛰고 있었다.
*方向(방향): 어떤 방위를 향한 쪽

어떻게 활용할까요?

'위'를 뜻하고 '상'이라고 읽어요.

엄지를 위로, 윗 상

上

뜻 윗 소리 상

쓰는 순서에 맞게 따라 써 보세요.

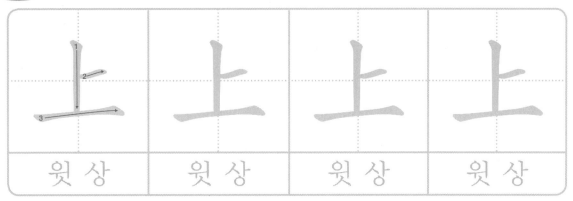

| 윗 상 | 윗 상 | 윗 상 | 윗 상 |

뜻과 소리를 입으로 말하며 빈칸에 써 보세요.

지구 온난화로 바닷물 높이가 *상승하고 있어요.
*上승(상승): 위로 올라감

'아래'를 뜻하고 '하'라고 읽어요.

아래로 흘러내려요, 아래 하

뜻 아래 소리 하

쓰는 순서에 맞게 따라 써 보세요.

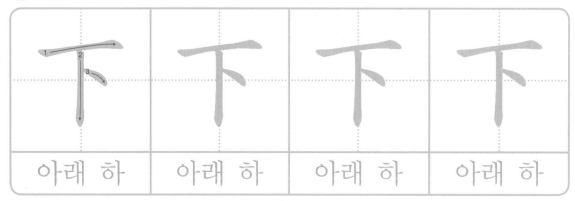

| 아래 하 | 아래 하 | 아래 하 | 아래 하 |

뜻과 소리를 입으로 말하며 빈칸에 써 보세요.

기름값이 계속 *하락하고 있어요.
*下落(하락): 아래로 떨어짐

어떻게 활용할까요?

'왼'을 뜻하고 '좌'라고 읽어요.

나는 왼손잡이예요, 왼 좌

左

뜻 왼 소리 좌

쓰는 순서에 맞게 따라 써 보세요.

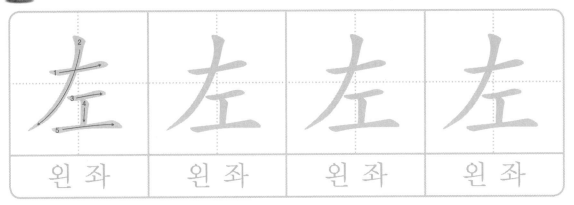

| 왼 좌 | 왼 좌 | 왼 좌 | 왼 좌 |

뜻과 소리를 입으로 말하며 빈칸에 써 보세요.

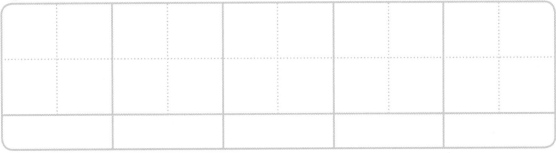

신호등에 표시가 들어올 때 *좌회전하세요.
*左回轉(좌회전): 왼쪽으로 돎

어떻게 활용 할까요?

'오른'을 뜻하고 '우'라고 읽어요.

오른쪽으로 가시오, 오른 우

右

뜻 오른 소리 우

쓰는 순서에 맞게 따라 써 보세요.

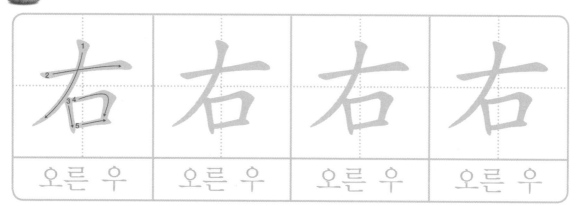

| 오른 우 | 오른 우 | 오른 우 | 오른 우 |

뜻과 소리를 입으로 말하며 빈칸에 써 보세요.

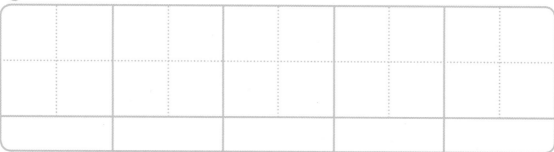

길을 걸을 땐 안전을 위해 *우측통행하세요.
*右側通行(우측통행): 길을 갈 때에 오른쪽으로 감

어떻게 활용 할까요?

'앞'을 뜻하고 '전'이라고 읽어요.

앞모습이 더 예뻐요, 앞 전

뜻 앞 소리 전

👀 쓰는 순서에 맞게 따라 써 보세요.

前	前	前	前
앞 전	앞 전	앞 전	앞 전

🤖 뜻과 소리를 입으로 말하며 빈칸에 써 보세요.

1-1로 *전반전 경기가 종료되었습니다.
*前半戰(전반전): 경기 시간을 반씩 둘로 나눈 것의 앞쪽 경기

어떻게 활용 할까요?

'뒤'를 뜻하고 '후'라고 읽어요.

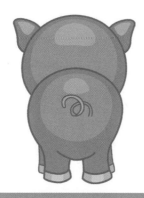

누구의 뒷모습일까요? 뒤 후

後

뜻 뒤   소리 후

쓰는 순서에 맞게 따라 써 보세요.

後	後	後	後
뒤 후	뒤 후	뒤 후	뒤 후

뜻과 소리를 입으로 말하며 빈칸에 써 보세요.

오늘 저녁 *후식은 아이스크림입니다.

*後食(후식): 식사 뒤에 먹는 간단한 음식

어떻게 활용할까요?

'안'을 뜻하고 '내'라고 읽어요.

집 안이 훤히 보여요, 안 내

뜻 안 소리 내

쓰는 순서에 맞게 따라 써 보세요.

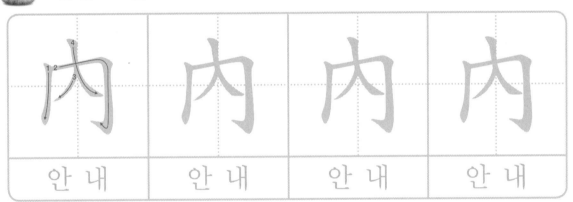

안 내	안 내	안 내	안 내

뜻과 소리를 입으로 말하며 빈칸에 써 보세요.

겨울엔 *내복을 입어야 따뜻하게 지낼 수 있습니다.
*内服(내복): 겉으로 보이지 않게 속에 입는 옷

어떻게 활용 할까요?

'바다'를 뜻하고 '해'라고 읽어요.

아름다운 바닷가, 바다 해

뜻 바다　소리 해

 쓰는 순서에 맞게 따라 써 보세요.

海	海	海	海
바다 해	바다 해	바다 해	바다 해

뜻과 소리를 입으로 말하며 빈칸에 써 보세요.

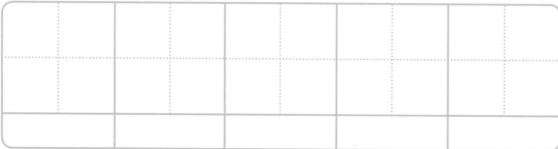

제주도엔 해삼, 전복 등을 따는 *해녀들이 많아요.

*海女(해녀): 바닷속에 들어가서 해산물을 채취하는 여자

어떻게 활용할까요?

'강'을 뜻하고 '강'이라고 읽어요.

큰 강이 흘러요, 강 강

江

뜻 강 소리 강

 쓰는 순서에 맞게 따라 써 보세요.

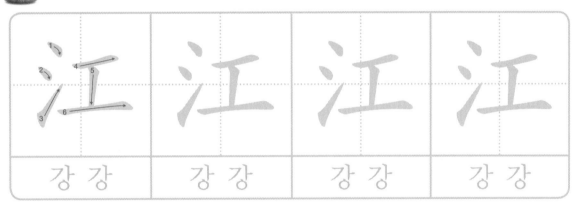

江	江	江	江
강 강	강 강	강 강	강 강

뜻과 소리를 입으로 말하며 빈칸에 써 보세요.

서울의 한강 남쪽을 *강남이라고 해요.
*江南(강남): 강의 남쪽

어떻게 활용 할까요?

'길'을 뜻하고 '도'라고 읽어요.

쭉 뻗은 길, 길 도

道

뜻 길   소리 도

쓰는 순서에 맞게 따라 써 보세요.

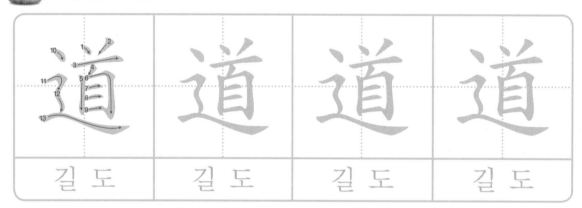

| 길 도 | 길 도 | 길 도 | 길 도 |

뜻과 소리를 입으로 말하며 빈칸에 써 보세요.

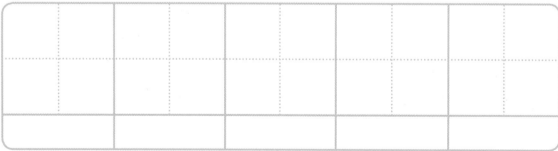

서울 한강을 중심으로 자전거 *도로가 만들어졌습니다.
*道路(도로): 사람이나 차가 다니는 길

어떻게 활용할까요?

'시장'을 뜻하고 '시'라고 읽어요.

사람들이 물건을 사고파는 곳, 시장 시

뜻 시장 소리 시

쓰는 순서에 맞게 따라 써 보세요.

| 시장 시 | 시장 시 | 시장 시 | 시장 시 |

 뜻과 소리를 입으로 말하며 빈칸에 써 보세요.

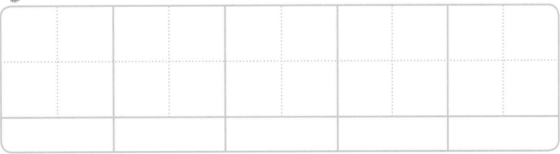

수산*시장에는 온갖 종류의 생선이 있어요.

*市場(시장): 여러 가지 상품을 사고파는 장소

어떻게 활용할까요?

'마당'을 뜻하고 '장'이라고 읽어요.

마당에서 놀아요, 마당 장

場

뜻 마당　소리 장

쓰는 순서에 맞게 따라 써 보세요.

場	場	場	場
마당 장	마당 장	마당 장	마당 장

뜻과 소리를 입으로 말하며 빈칸에 써 보세요.

광화문 *광장에서 월드컵 응원이 열리고 있습니다.
*廣場(광장): 많은 사람들이 모일 수 있는 넓은 터

어떻게 활용 할까요?

'농사'를 뜻하고 '농'이라고 읽어요.

농사를 지어요, 농사 농

뜻 농사　소리 농

👀 쓰는 순서에 맞게 따라 써 보세요.

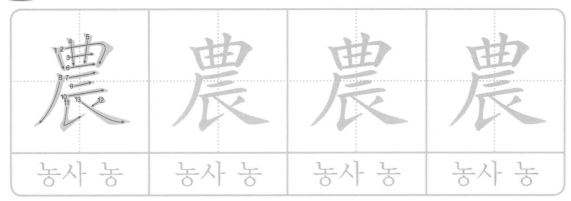

農	農	農	農
농사 농	농사 농	농사 농	농사 농

🤖 뜻과 소리를 입으로 말하며 빈칸에 써 보세요.

저는 커서 *농부가 될 거에요.

*農夫(농부): 농사짓는 사람

어떻게 활용할까요?

83

'하늘'을 뜻하고 '공'이라고 읽어요.

높고 푸른 하늘, 하늘 공

뜻 하늘 소리 공

쓰는 순서에 맞게 따라 써 보세요.

空	空	空	空
하늘 공	하늘 공	하늘 공	하늘 공

뜻과 소리를 입으로 말하며 빈칸에 써 보세요.

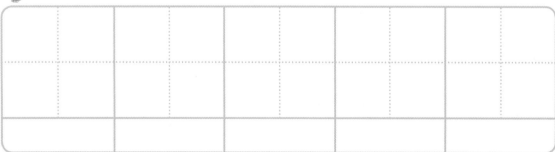

자랑스러운 대한민국 *공군 아저씨들 힘내세요!
*空軍(공군): 주로 하늘에서 임무를 수행하는 군대

어떻게 활용할까요?

'세상'을 뜻하고 '세'라고 읽어요.

우리가 사는 세상, 세상 세

뜻 세상 소리 세

쓰는 순서에 맞게 따라 써 보세요.

| 세상 세 | 세상 세 | 세상 세 | 세상 세 |

뜻과 소리를 입으로 말하며 빈칸에 써 보세요.

서울은 *세계에서 가장 살기 좋은 도시에요.
*世界(세계): 지구 상의 모든 나라

어떻게 활용할까요?

'한나라'를 뜻하고 '한'이라고 읽어요.

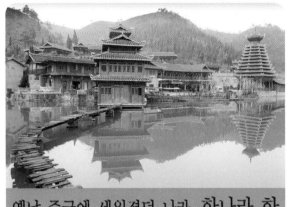

옛날 중국에 세워졌던 나라, 한나라 한

뜻 한나라 소리 한

👀 쓰는 순서에 맞게 따라 써 보세요.

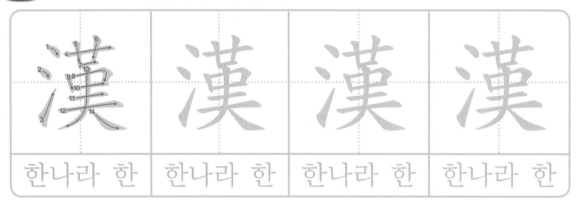

| 한나라 한 | 한나라 한 | 한나라 한 | 한나라 한 |

뜻과 소리를 입으로 말하며 빈칸에 써 보세요.

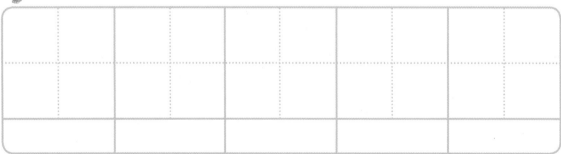

*한자를 공부하면 우리말 뜻을 정확하게 알 수 있어요.
*漢字(한자): 중국에서 만들어 오늘날에도 쓰고 있는 문자

어떻게 활용할까요?

'스스로'를 뜻하고 '자'라고 읽어요.

아기가 스스로 섰어요, 스스로 자

뜻 **스스로** 소리 **자**

쓰는 순서에 맞게 따라 써 보세요.

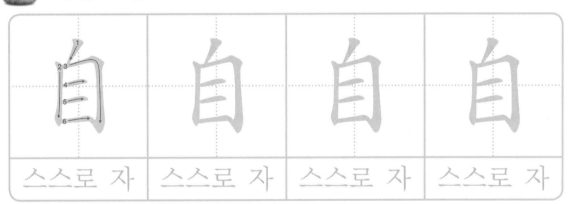

| 스스로 자 | 스스로 자 | 스스로 자 | 스스로 자 |

뜻과 소리를 입으로 말하며 빈칸에 써 보세요.

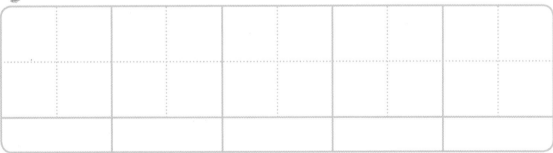

나는 그 일을 잘 해낼 *자신*이 있습니다.
*自信(자신): 스스로 굳게 믿음

어떻게 활용할까요?

'손'을 뜻하고 '수'라고 읽어요.

손을 잡아요, 손 수

手

뜻 손 소리 수

쓰는 순서에 맞게 따라 써 보세요.

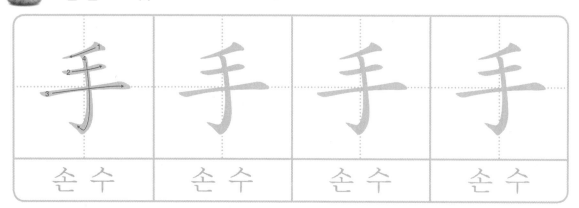

손 수	손 수	손 수	손 수

뜻과 소리를 입으로 말하며 빈칸에 써 보세요.

우리는 헤어질 때 서로 *악수하며 아쉬움을 달랬습니다.
*握手(악수): 인사의 표시로 서로 손을 마주 잡음

어떻게 활용할까요?

'발'을 뜻하고 '족'이라고 읽어요.

수영을 잘 할 수 있는 멋진 발, 발 족

뜻 발 소리 족

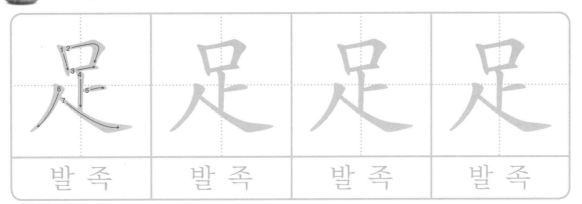

쓰는 순서에 맞게 따라 써 보세요.

足	足	足	足
발 족	발 족	발 족	발 족

뜻과 소리를 입으로 말하며 빈칸에 써 보세요.

엄마는 피곤할 때 *족욕하는 걸 좋아하세요.
*足浴(족욕): 두 발을 찬물과 따뜻한 물에 담그는 물리 요법

어떻게 활용할까요?

'살다'를 뜻하고 '활'이라고 읽어요.

새싹이 살아있어요, 살 활

(뜻) 살 (소리) 활

쓰는 순서에 맞게 따라 써 보세요.

活	活	活	活
살 활	살 활	살 활	살 활

뜻과 소리를 입으로 말하며 빈칸에 써 보세요.

주말에 우리 가족은 도서관에서 봉사*활동을 합니다.
*活動(활동): 몸을 움직여 행동함

어떻게 활용 할까요?

'기운'을 뜻하고 '기'라고 읽어요.

채소를 먹으면 기운이 나요, 기운 기

뜻 기운 소리 기

쓰는 순서에 맞게 따라 써 보세요.

氣	氣	氣	氣
기운 기	기운 기	기운 기	기운 기

뜻과 소리를 입으로 말하며 빈칸에 써 보세요.

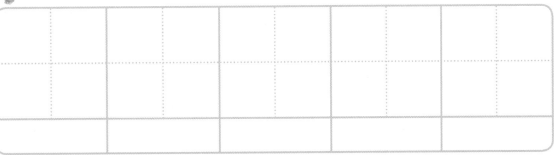

자기의 잘못을 인정하는 사람이 *용기 있는 사람이에요.
*勇氣(용기): 씩씩하고 용감한 기운

어떻게 활용 할까요?

'힘'을 뜻하고 '력'이라고 읽어요.

힘을 길러요, 힘 력

뜻 힘 소리 력

쓰는 순서에 맞게 따라 써 보세요.

力	力	力	力
힘 력	힘 력	힘 력	힘 력

뜻과 소리를 입으로 말하며 빈칸에 써 보세요.

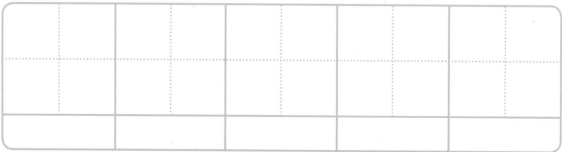

포기하지 않고 꾸준히 *노력하면 목표를 이룰 수 있어요.
***努力(노력):** 힘을 다함

어떻게 활용 할까요?

'움직이다'를 뜻하고 '동'이라고 읽어요.

몸을 움직여요, 움직일 동

뜻 움직일   소리 동

쓰는 순서에 맞게 따라 써 보세요.

動	動	動	動
움직일 동	움직일 동	움직일 동	움직일 동

뜻과 소리를 입으로 말하며 빈칸에 써 보세요.

아기가 왜 그런 *행동을 하는지 정말 궁금해요.

*行動(행동): 몸을 움직여 어떤 일을 함

'서다'를 뜻하고 '립'이라고 읽어요.

두 발로 선 강아지, 설 립

뜻 설 소리 립

👁 쓰는 순서에 맞게 따라 써 보세요.

立	立	立	立
설 립	설 립	설 립	설 립

🤖 뜻과 소리를 입으로 말하며 빈칸에 써 보세요.

우리나라의 *독립기념일은 8월 15일입니다.
*獨立(독립): 남의 힘을 빌리지 않고 홀로 섬

'말하다'를 뜻하고 '화'라고 읽어요.

친구에게 말해요, 말할 화

話

뜻 말할 소리 화

쓰는 순서에 맞게 따라 써 보세요.

| 말할 화 | 말할 화 | 말할 화 | 말할 화 |

뜻과 소리를 입으로 말하며 빈칸에 써 보세요.

지금 엄마는 할머니와 *전화하고 계십니다.
*電話(전화): 전화기를 이용하여 말을 주고 받음

어떻게 활용할까요?

'편안하다'를 뜻하고 '안'이라고 읽어요.

편안하게 쉬어요, 편안할 안

뜻 편안할 소리 안

쓰는 순서에 맞게 따라 써 보세요.

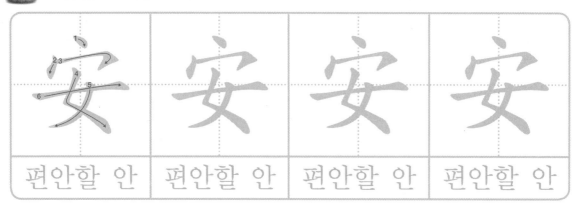

편안할 안	편안할 안	편안할 안	편안할 안

뜻과 소리를 입으로 말하며 빈칸에 써 보세요.

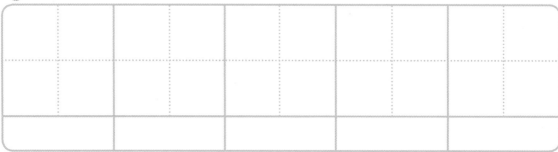

목적지에 *안전하게 도착하였습니다.
*安全(안전): 편안하여 위험이 없음

어떻게 활용할까요?

'먹다'를 뜻하고 '식'이라고 읽어요.

맛있게 먹어요, 먹을 식

뜻 먹을 소리 식

쓰는 순서에 맞게 따라 써 보세요.

| 먹을 식 | 먹을 식 | 먹을 식 | 먹을 식 |

뜻과 소리를 입으로 말하며 빈칸에 써 보세요.

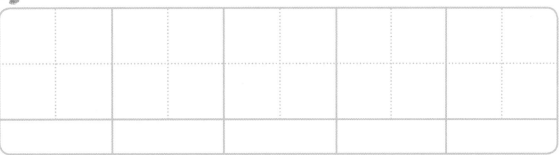

비빔밥은 한국의 대표 *음식 중 하나입니다.
*飮食(음식): 먹을 것과 마실 것

'기록하다'를 뜻하고 '기'라고 읽어요.

중요한 내용을 적어요, 기록할 기

(뜻) 기록할 (소리) 기

쓰는 순서에 맞게 따라 써 보세요.

| 기록할 기 | 기록할 기 | 기록할 기 | 기록할 기 |

뜻과 소리를 입으로 말하며 빈칸에 써 보세요.

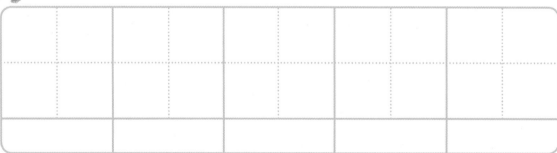

다섯 살 때 함께 놀았던 친구들이 아직도 *기억나요.
*記憶(기억): 지난 일을 잊지 않고 외어 둠

어떻게 활용할까요?

'대답하다'를 뜻하고 '답'이라고 읽어요.

선생님의 질문에 답해요, 대답할 답

뜻 대답할 소리 답

쓰는 순서에 맞게 따라 써 보세요.

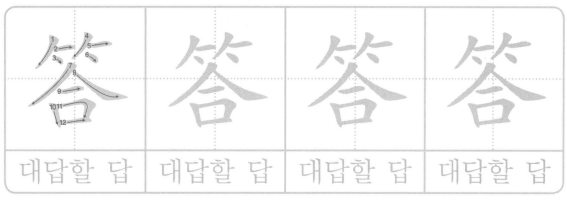

| 대답할 답 | 대답할 답 | 대답할 답 | 대답할 답 |

뜻과 소리를 입으로 말하며 빈칸에 써 보세요.

손을 들고 *대답해 보세요.

*對答(대답): 상대가 묻거나 요구하는 것에 대하여 답을 말함

어떻게 활용할까요?

99

'일'을 뜻하고 '사'라고 읽어요.

개미늘이 열심히 일을 해요, 일 사

(뜻) 일 (소리) 사

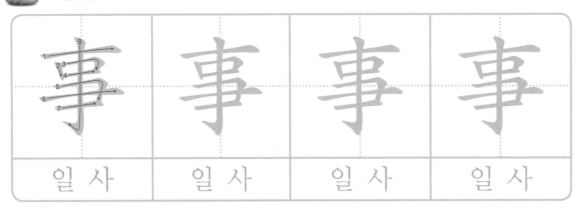

쓰는 순서에 맞게 따라 써 보세요.

事	事	事	事
일 사	일 사	일 사	일 사

뜻과 소리를 입으로 말하며 빈칸에 써 보세요.

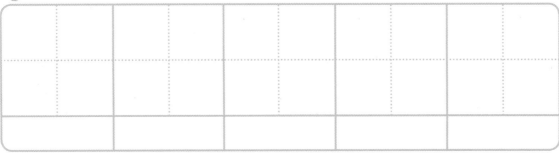

할아버지께서는 벼*농사를 지으십니다.

*農事(농사): 농작물을 심어 가꾸고 거두는 일

어떻게 활용할까요?

'만물'을 뜻하고 '물'이라고 읽어요.

여러 가지 물건을 샀어요, 만물 물

物

뜻 만물 소리 물

 쓰는 순서에 맞게 따라 써 보세요.

物	物	物	物
만물 물	만물 물	만물 물	만물 물

뜻과 소리를 입으로 말하며 빈칸에 써 보세요.

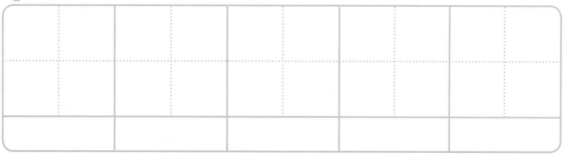

식물학자들은 *식물을 채집하기 위해 정글을 탐험해요.
*植物(식물): 온갖 나무와 풀

어떻게 활용할까요?

'장인'을 뜻하고 '공'이라고 읽어요.

정성껏 물건을 만드는 장인, 장인 공

工

뜻 장인 소리 공

쓰는 순서에 맞게 따라 써 보세요.

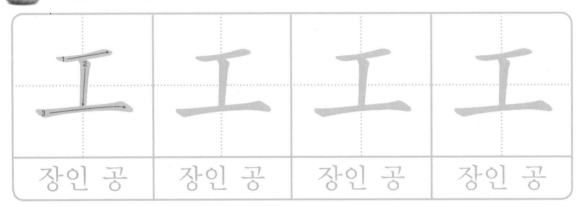

工	工	工	工
장인 공	장인 공	장인 공	장인 공

뜻과 소리를 입으로 말하며 빈칸에 써 보세요.

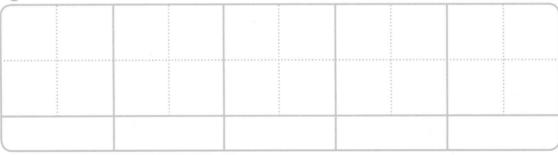

*목공을 배우신 아빠가 나에게 책상을 만들어 주셨어요.
*木工(목공): 나무를 다루어 물건을 만드는 일

어떻게 활용할까요?

'수레'를 뜻하고 '거 또는 차'라고 읽어요.

열매들이 수레에 가득, 수레 거, 차

뜻 수레 소리 거, 차

쓰는 순서에 맞게 따라 써 보세요.

수레 거, 차   수레 거, 차   수레 거, 차   수레 거, 차

뜻과 소리를 입으로 말하며 빈칸에 써 보세요.

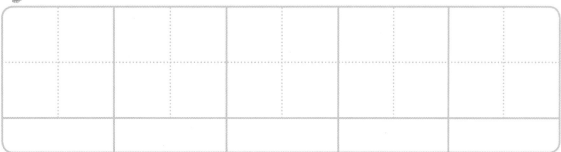

신호등이 없는 *차도를 건너는 일은 위험해요.
*車道(차도): 차가 다니는 길

'때'를 뜻하고 '시'라고 읽어요.

시간에 맞춰 출근해요, 때 시

時

뜻 때 소리 시

 쓰는 순서에 맞게 따라 써 보세요.

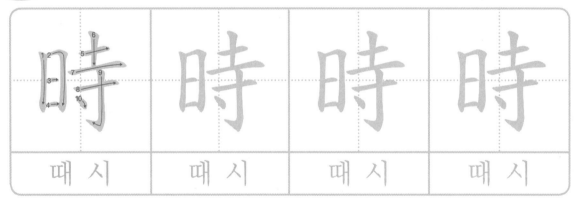

時	時	時	時
때 시	때 시	때 시	때 시

뜻과 소리를 입으로 말하며 빈칸에 써 보세요.

스위스에서 만들어지는 시계는 비싼 값으로 팔립니다.

***時計(시계):** 시간을 재거나 가리키는 기계

'사이'를 뜻하고 '간'이라고 읽어요.

3분마다 지하철이 와요, 사이 간

間

뜻 사이 소리 간

 쓰는 순서에 맞게 따라 써 보세요.

間	間	間	間
사이 간	사이 간	사이 간	사이 간

뜻과 소리를 입으로 말하며 빈칸에 써 보세요.

기차가 한 시간 *간격으로 지나갑니다.
*間隔(간격): 공간적, 시간적으로 벌어진 사이

 어떻게 활용할까요?

'낮'을 뜻하고 '오'라고 읽어요.

낮엔 열심히 일해요, 낮 오

뜻 낮 소리 오

쓰는 순서에 맞게 따라 써 보세요.

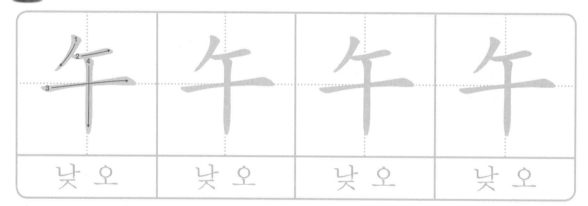

| 낮 오 | 낮 오 | 낮 오 | 낮 오 |

뜻과 소리를 입으로 말하며 빈칸에 써 보세요.

내일 *정오에 보신각종을 타종하는 행사가 진행됩니다.
*正午(정오): 낮 12시

어떻게 활용할까요?

'매번'을 뜻하고 '매'라고 읽어요.

매일 뽀뽀해 주시는 아빠, 매번 매

每

뜻 매번 소리 매

👀 쓰는 순서에 맞게 따라 써 보세요.

每	每	每	每
매번 매	매번 매	매번 매	매번 매

🤖 뜻과 소리를 입으로 말하며 빈칸에 써 보세요.

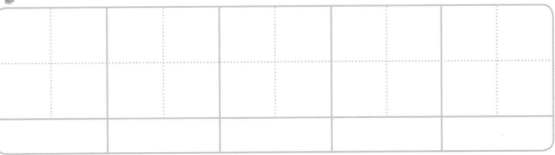

엄마는 *매일 청소와 빨래를 하시느라 고생이 많으세요.
*每日(매일): 하루하루의 모든 날

어떻게 활용할까요?

'전기'를 뜻하고 '전'이라고 읽어요.

전기로 불을 밝혀요, 전기 전

뜻 전기 소리 전

쓰는 순서에 맞게 따라 써 보세요.

電	電	電	電
전기 전	전기 전	전기 전	전기 전

뜻과 소리를 입으로 말하며 빈칸에 써 보세요.

다 쓴 건전지를 *충전해서 써요.
*充電(충전): 전기 에너지를 모으고 쌓는 것

어떻게 활용할까요?

'바르다'를 뜻하고 '정'이라고 읽어요.

예절 바른 어린이, 바를 정

正

뜻 바를 소리 정

쓰는 순서에 맞게 따라 써 보세요.

| 바를 정 | 바를 정 | 바를 정 | 바를 정 |

뜻과 소리를 입으로 말하며 빈칸에 써 보세요.

나는 이모의 결혼식에 *단정한 옷차림으로 참석했습니다.

*端正(단정): 옷차림새나 몸가짐이 얌전하고 바름

어떻게 활용할까요?

'곧다'를 뜻하고 '직'이라고 읽어요.

비뚤어지지 않고 똑바르게, 곧을 직

直

뜻 곧을　소리 직

👀 쓰는 순서에 맞게 따라 써 보세요.

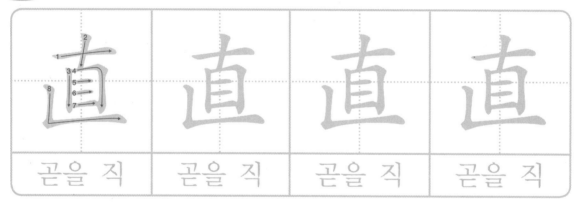

直	直	直	直
곧을 직	곧을 직	곧을 직	곧을 직

🤖 뜻과 소리를 입으로 말하며 빈칸에 써 보세요.

저는 말과 행동을 *정직하게 하는 사람이 되겠습니다.
*正直(정직): 거짓이나 꾸밈없이 성품이 바르고 곧음

어떻게 활용 할까요?

'아니'를 뜻하고 '불 또는 부'라고 읽어요.

아닙니다, 안됩니다, 아니 불, 부

뜻 아니 소리 불, 부

쓰는 순서에 맞게 따라 써 보세요.

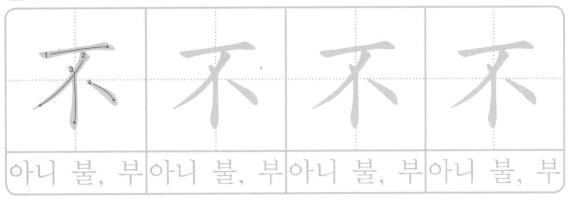

不	不	不	不
아니 불, 부	아니 불, 부	아니 불, 부	아니 불, 부

뜻과 소리를 입으로 말하며 빈칸에 써 보세요.

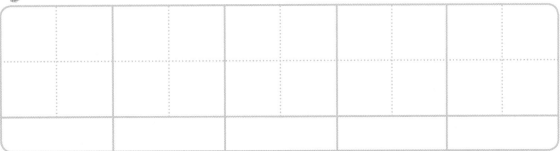

자꾸 거짓말을 하는 사람에게는 *불신이 커질 것이다.
*不信(불신): 믿지 못함

어떻게 활용할까요?

111

'평평하다'를 뜻하고 '평'이라고 읽어요.

잔잔한 바닷물, 평평할 평

뜻 평평할 소리 평

 쓰는 순서에 맞게 따라 써 보세요.

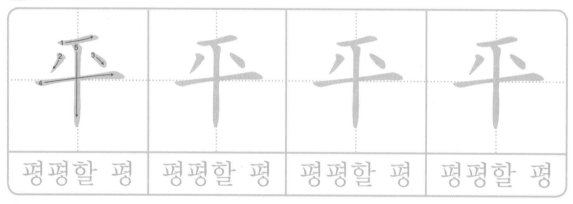

平	平	平	平
평평할 평	평평할 평	평평할 평	평평할 평

뜻과 소리를 입으로 말하며 빈칸에 써 보세요.

친구와 화해하고 나서 나는 마음의 *평안을 찾았습니다.

*平安(평안): 걱정이나 탈이 없이 잘 있음

'온전하다'를 뜻하고 '전'이라고 읽어요.

딱 맞는 퍼즐, 온전할 전

뜻 온전할 소리 전

👀 쓰는 순서에 맞게 따라 써 보세요.

| 온전할 전 | 온전할 전 | 온전할 전 | 온전할 전 |

🤖 뜻과 소리를 입으로 말하며 빈칸에 써 보세요.

세상에 *완전한 사람이 과연 있을까?
*完全(완전): 모두 갖추어져 부족하거나 흠이 없음

어떻게 활용할까요?

7급

그림에서 7급 한자 50자를 찾아보세요.

자연에 관련된 한자
春 夏 秋 冬 花 草 植 林
天 地 川 然 色 夕

수학에 관련된 한자
算 數 字 百 千 少 重

마을에 관련된 한자
住 所 村 里 洞 邑 旗

내 몸에 관련된 한자
面 口 心 主 育 休 便

사람에 관련된 한자
祖 老 命 夫 有 同

학교생활에 관련된 한자
登 文 問 語 歌 紙 出
來 入

'봄'을 뜻하고 '춘'이라고 읽어요.

새싹이 돋아요, 봄 춘

뜻 봄 소리 춘

 쓰는 순서에 맞게 따라 써 보세요.

| 봄 춘 | 봄 춘 | 봄 춘 | 봄 춘 |

뜻과 소리를 입으로 말하며 빈칸에 써 보세요.

할아버지께선 전쟁 때문에 군대에서 *청춘을 보내셨다.
*青春(청춘): 푸른 봄철. 십 대 후반에서 이십 대에 걸치는 젊은 나이

어떻게 활용 할까요?

'여름'을 뜻하고 '하'라고 읽어요.

수영을 해요, 여름 하

夏

뜻 여름 소리 하

쓰는 순서에 맞게 따라 써 보세요.

夏	夏	夏	夏
여름 하	여름 하	여름 하	여름 하

뜻과 소리를 입으로 말하며 빈칸에 써 보세요.

중학생인 우리 언니는 오늘부터 *하복을 입고 등교했다.

*夏服(하복): 여름에 입는 옷

어떻게 활용할까요?

7권

'가을'을 뜻하고 '추'라고 읽어요.

단풍잎이 예뻐요, 가을 추

뜻 가을 소리 추

쓰는 순서에 맞게 따라 써 보세요.

秋	秋	秋	秋
가을 추	가을 추	가을 추	가을 추

뜻과 소리를 입으로 말하며 빈칸에 써 보세요.

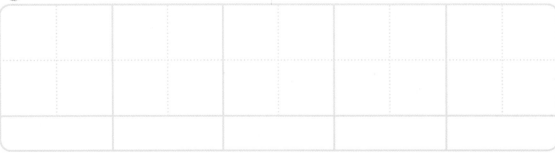

*추석날 조상들에게 감사하는 마음으로 차례를 지내요.
*秋夕(추석): 우리나라 명절의 하나. 음력 8월 15일

어떻게 활용할까요?

'겨울'을 뜻하고 '동'라고 읽어요.

눈사람을 만들어요, 겨울 동

뜻 겨울　소리 동

쓰는 순서에 맞게 따라 써 보세요.

| 겨울 동 | 겨울 동 | 겨울 동 | 겨울 동 |

뜻과 소리를 입으로 말하며 빈칸에 써 보세요.

어떻게 활용할까요?

우리나라 평창에서 *동계 올림픽이 열려요.
*冬季(동계): 겨울 철

'**꽃**'을 뜻하고 '**화**'라고 읽어요.

아름다운 꽃들, 꽃 화

花

뜻 꽃 소리 화

쓰는 순서에 맞게 따라 써 보세요.

花	花	花	花
꽃 화	꽃 화	꽃 화	꽃 화

 뜻과 소리를 입으로 말하며 빈칸에 써 보세요.

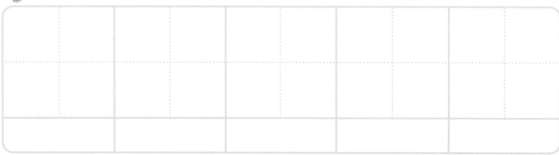

 어떻게 활용 할까요?

할머니의 취미는 *화초를 가꾸는 것입니다.
*花草(화초): 꽃이 피는 풀과 나무

'풀'을 뜻하고 '초'라고 읽어요.

푸른 풀이 자라요, 풀 초

뜻 풀 소리 초

 쓰는 순서에 맞게 따라 써 보세요.

草	草	草	草
풀 초	풀 초	풀 초	풀 초

 뜻과 소리를 입으로 말하며 빈칸에 써 보세요.

나는 *초원에 사는 동물 중에 얼룩말이 가장 좋아요.
*草原(초원): 풀이 난 들

어떻게 활용 할까요?

'심다'를 뜻하고 '식'이라고 읽어요.

식물을 심어요, 심을 식

뜻 심을 소리 식

 쓰는 순서에 맞게 따라 써 보세요.

植	植	植	植
심을 식	심을 식	심을 식	심을 식

뜻과 소리를 입으로 말하며 빈칸에 써 보세요.

우리 가족은 *식목일을 맞아 나무심기 행사에 참여했어요.
*植木日(식목일): 나무를 많이 심고 가꾸도록 나라에서 정한 날

어떻게 활용 할까요?

'수풀'을 뜻하고 '림'이라고 읽어요.

나무들이 우거진 숲, 수풀 림

뜻 수풀 소리 림

쓰는 순서에 맞게 따라 써 보세요.

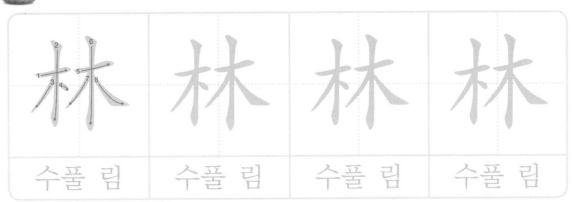

| 수풀 림 | 수풀 림 | 수풀 림 | 수풀 림 |

뜻과 소리를 입으로 말하며 빈칸에 써 보세요.

아마존 *밀림에 사는 동물들을 만나 보고 싶어요.

*密林(밀림): 나무들이 빽빽하게 들어선 깊은 숲

어떻게 활용 할까요?

'하늘'을 뜻하고 '천'이라고 읽어요.

파랗고 높은 가을 하늘, 하늘 천

뜻 하늘 소리 천

쓰는 순서에 맞게 따라 써 보세요.

| 하늘 천 | 하늘 천 | 하늘 천 | 하늘 천 |

뜻과 소리를 입으로 말하며 빈칸에 써 보세요.

봄이 오니 *천지간에 꽃으로 가득합니다.

*天地(천지): 하늘과 땅, 세상, 우주

어떻게 활용할까요?

'땅'을 뜻하고 '지'라고 읽어요.

가뭄이 들어 땅이 말랐어요, 땅 지

뜻 땅 소리 지

쓰는 순서에 맞게 따라 써 보세요.

地	地	地	地
땅 지	땅 지	땅 지	땅 지

뜻과 소리를 입으로 말하며 빈칸에 써 보세요.

아직 춥지만, *양지바른 곳에선 벌써 개나리가 피었어요.
*陽地(양지): 햇볕이 바로 드는 곳

어떻게 활용할까요?

'내'를 뜻하고 '천'이라고 읽어요.

작고 깨끗한 개울, 내 천

뜻 내 소리 천

쓰는 순서에 맞게 따라 써 보세요.

川	川	川	川
내 천	내 천	내 천	내 천

 뜻과 소리를 입으로 말하며 빈칸에 써 보세요.

*하천의 물을 깨끗하게 정화해서 수돗물로 사용합니다.
*河川(하천): 강과 시내

어떻게 활용 할까요?

'그러하다'를 뜻하고 '연'이라고 읽어요.

계절이 틀림없이 바뀌듯이, 그러할 연

뜻 그러할 소리 연

쓰는 순서에 맞게 따라 써 보세요.

| 그러할 연 | 그러할 연 | 그러할 연 | 그러할 연 |

뜻과 소리를 입으로 말하며 빈칸에 써 보세요.

나는 내 고향의 *자연을 무척 사랑합니다.

*自然(자연): 스스로 그러함. 즉 저절로 생겨난 산, 바다, 식물, 동물 등

어떻게 활용 할까요?

'색'을 뜻하고 '색'이라고 읽어요.

예쁜 색연필, 색 색

뜻 색 소리 색

쓰는 순서에 맞게 따라 써 보세요.

| 색 색 | 색 색 | 색 색 | 색 색 |

뜻과 소리를 입으로 말하며 빈칸에 써 보세요.

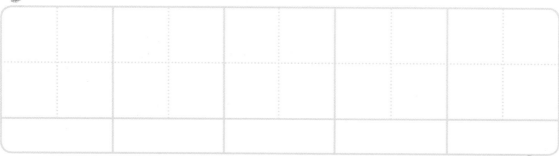

여름이면 포도가 마치 *염색한 듯 보랏빛으로 물들어요.
*染色(염색): 염료를 사용하여 실이나 천에 물을 들임

어떻게 활용 할까요?

128

'저녁'을 뜻하고 '석'이라고 읽어요.

달이 뜬 저녁, 저녁 석

夕

뜻 저녁   소리 석

쓰는 순서에 맞게 따라 써 보세요.

夕	夕	夕	夕
저녁 석	저녁 석	저녁 석	저녁 석

뜻과 소리를 입으로 말하며 빈칸에 써 보세요.

서해 바다에서 바라보는 *석양은 정말 아름다워요.

*夕陽(석양): 저녁때의 햇빛

어떻게 활용 할까요?

'셈'을 뜻하고 '산'이라고 읽어요.

손가락으로 세어요, 셈 산

算

뜻 셈 소리 산

쓰는 순서에 맞게 따라 써 보세요.

算	算	算	算
셈 산	셈 산	셈 산	셈 산

뜻과 소리를 입으로 말하며 빈칸에 써 보세요.

암산보다 연필로 *계산하는 것이 훨씬 정확해요.

*計算(계산): 수를 헤아림

어떻게 활용할까요?

'세다'를 뜻하고 '수'라고 읽어요.

숫자를 세어요, 셀 수

數

뜻 셀 소리 수

쓰는 순서에 맞게 따라 써 보세요.

數	數	數	數
셀 수	셀 수	셀 수	셀 수

뜻과 소리를 입으로 말하며 빈칸에 써 보세요.

받아쓰기 시험에서 좋은 *점수를 받았어요.

*點數(점수): 성적을 나타내는 숫자

'글자'를 뜻하고 '자'라고 읽어요.

글자를 써요, 글자 자

字

뜻 글자　소리 자

쓰는 순서에 맞게 따라 써 보세요.

| 글자 자 | 글자 자 | 글자 자 | 글자 자 |

뜻과 소리를 입으로 말하며 빈칸에 써 보세요.

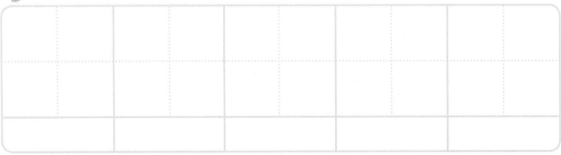

나는 100까지 *숫자를 쓸 수 있어요.
*數字(숫자): 수를 나타내는 글자

어떻게 활용할까요?

'백'을 뜻하고 '백'이라고 읽어요.

100까지 세어요, 백 백

뜻 백 소리 백

쓰는 순서에 맞게 따라 써 보세요.

百	百	百	百
백 백	백 백	백 백	백 백

뜻과 소리를 입으로 말하며 빈칸에 써 보세요.

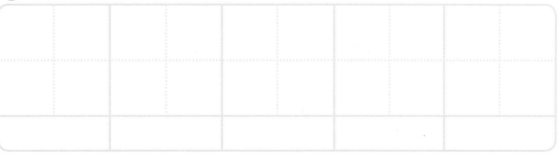

동생의 *백일에 엄마는 수수팥떡을 해 주셨어요.
*百日(백일): 아기가 태어난 날로부터 백 번째 되는 날

어떻게 활용 할까요?

'천'을 뜻하고 '천'이라고 읽어요.

용돈을 받았어요, 천 천

뜻 천 소리 천

쓰는 순서에 맞게 따라 써 보세요.

| 천 천 | 천 천 | 천 천 | 천 천 |

뜻과 소리를 입으로 말하며 빈칸에 써 보세요.

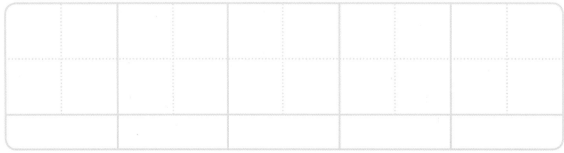

한옥 마을에는 *천년을 이어 온 집들이 있습니다.
*千年(천년): 오랜 세월

어떻게 활용할까요?

'적다'를 뜻하고 '소'라고 읽어요.

少

용돈이 조금 남았어요, 적을 소

뜻 적을 소리 소

쓰는 순서에 맞게 따라 써 보세요.

| 적을 소 | 적을 소 | 적을 소 | 적을 소 |

뜻과 소리를 입으로 말하며 빈칸에 써 보세요.

누구나 *최소의 노력으로 최대의 성과를 거두고 싶어 합니다.

*最少(최소): 가장 적음

어떻게 활용할까요?

'무겁다'를 뜻하고 '중'이라고 읽어요.

너무 무거워요, 무거울 중

뜻 무거울 소리 중

🌀 쓰는 순서에 맞게 따라 써 보세요.

| 무거울 중 | 무거울 중 | 무거울 중 | 무거울 중 |

🤖 뜻과 소리를 입으로 말하며 빈칸에 써 보세요.

출석부에 *중복된 이름이 있네요.
*重複(중복): 같은 것이 두 번 이상 겹침

어떻게
활용
할까요?

'살다'를 뜻하고 '주'라고 읽어요.

둥지에 새들이 살고 있어요, 살 주

(뜻) 살 (소리) 주

 쓰는 순서에 맞게 따라 써 보세요.

住	住	住	住
살 주	살 주	살 주	살 주

뜻과 소리를 입으로 말하며 빈칸에 써 보세요.

우리집은 아담한 정원이 있는 단독 *주택입니다.

*住宅(주택): 사람이 살 수 있도록 지은 집

어떻게 활용할까요?

137

'곳'을 뜻하고 '소'라고 읽어요.

지도를 보고 찾아가는 곳, 곳 소

所

뜻 곳 · 소리 소

 쓰는 순서에 맞게 따라 써 보세요.

所	所	所	所
곳 소	곳 소	곳 소	곳 소

뜻과 소리를 입으로 말하며 빈칸에 써 보세요.

편지를 보낼 땐 *주소를 꼭 써야 해요.
*住所(주소): 사는 곳

어떻게 활용할까요?

'마을'을 뜻하고 '촌'이라고 읽어요.

눈 내린 산골 마을, 마을 촌

村

뜻 마을 소리 촌

쓰는 순서에 맞게 따라 써 보세요.

| 마을 촌 | 마을 촌 | 마을 촌 | 마을 촌 |

뜻과 소리를 입으로 말하며 빈칸에 써 보세요.

*어촌 사람들은 고기잡이, 소금 채취를 하며 살아요.
*漁村(어촌): 어민들이 모여 사는 바닷가 마을

어떻게 활용 할까요?

'마을'을 뜻하고 '리'라고 읽어요.

벼가 누렇게 익은 농촌 마을, 마을 리

뜻 마을 소리 리

 쓰는 순서에 맞게 따라 써 보세요.

뜻과 소리를 입으로 말하며 빈칸에 써 보세요.

우리 마을 *이장님은 사람들의 어려운 일을 도와주십니다.
*里長(이장): 마을을 대표하여 일을 맡아보는 사람

 어떻게 활용할까요?

140

'마을'을 뜻하고 '동'이라고 읽어요.

한옥이 멋있는 마을, 마을 동

뜻 마을 소리 동

쓰는 순서에 맞게 따라 써 보세요.

洞	洞	洞	洞
마을 동	마을 동	마을 동	마을 동

뜻과 소리를 입으로 말하며 빈칸에 써 보세요.

엄마는 *동사무소에서 주민등록등본을 떼오셨습니다.
*洞事務所(동사무소): 동(洞) 안의 여러 가지 행정사무를 맡아보는 곳

어떻게 활용 할까요?

141

'마을'을 뜻하고 '읍'이라고 읽어요.

우리 마을, 마을 읍

뜻 마을 소리 읍

 쓰는 순서에 맞게 따라 써 보세요.

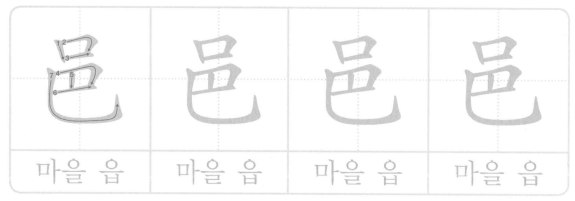

| 마을 읍 | 마을 읍 | 마을 읍 | 마을 읍 |

뜻과 소리를 입으로 말하며 빈칸에 써 보세요.

조선을 세운 태조 이성계는 *도읍지를 한양으로 옮겼다.

*都邑地(도읍지): 한 나라의 서울로 삼은 곳

'기'를 뜻하고 '기'라고 읽어요.

깃발이 펄럭여요, 기 기

旗

뜻 기 소리 기

쓰는 순서에 맞게 따라 써 보세요.

旗	旗	旗	旗
기 기	기 기	기 기	기 기

뜻과 소리를 입으로 말하며 빈칸에 써 보세요.

우리나라의 *국기는 태극기입니다.

*國旗(국기): 나라를 상징하는 기

어떻게 활용 할까요?

'얼굴'을 뜻하고 '면'이라고 읽어요.

예쁜 얼굴, 얼굴 면

뜻 얼굴 소리 면

 쓰는 순서에 맞게 따라 써 보세요.

面	面	面	面
얼굴 면	얼굴 면	얼굴 면	얼굴 면

뜻과 소리를 입으로 말하며 빈칸에 써 보세요.

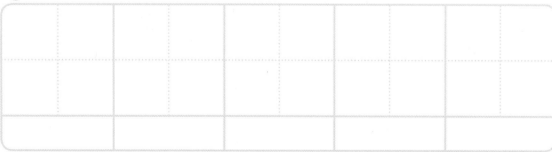

미술 시간에 *가면을 만들었어요.
*假面(가면): 나무, 종이 등으로 만든 탈

어떻게 활용 할까요?

'입'을 뜻하고 '구'라고 읽어요.

말을 하고 있어요, 입 구

口

뜻 입 소리 구

쓰는 순서에 맞게 따라 써 보세요.

| 입 구 | 입 구 | 입 구 | 입 구 |

뜻과 소리를 입으로 말하며 빈칸에 써 보세요.

*식구들이 밥상에 둘러앉아 저녁을 맛있게 먹었다.
*食口(식구): 한 집에 함께 살면서 밥을 함께 먹는 사람

어떻게 활용할까요?

145

'마음'을 뜻하고 '심'이라고 읽어요.

사랑의 마음을 나눠요, 마음 심

心

(뜻)마음 (소리)심

쓰는 순서에 맞게 따라 써 보세요.

| 마음 심 | 마음 심 | 마음 심 | 마음 심 |

뜻과 소리를 입으로 말하며 빈칸에 써 보세요.

지수는 나에게 생일을 *진심으로 축하한다고 말했다.
*眞心(진심): 참된 마음

'주인'을 뜻하고 '주'라고 읽어요.

내 몸의 주인은 나에요, 주인 주

뜻 주인　소리 주

쓰는 순서에 맞게 따라 써 보세요.

| 주인 주 | 주인 주 | 주인 주 | 주인 주 |

뜻과 소리를 입으로 말하며 빈칸에 써 보세요.

누나는 내 마음과 상관없이 자기 *주장만 고집한다.
*主張(주장): 자기의 의견을 굳게 내세움

어떻게 활용 할까요?

'기르다'를 뜻하고 '육'이라고 읽어요.

부모님은 우리를 길러 주셔요, 기를 육

뜻 기를 소리 육

쓰는 순서에 맞게 따라 써 보세요.

| 기를 육 | 기를 육 | 기를 육 | 기를 육 |

뜻과 소리를 입으로 말하며 빈칸에 써 보세요.

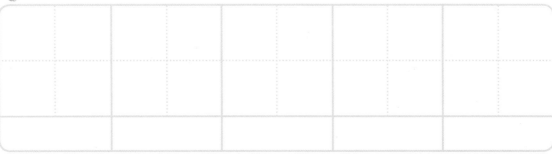

*체육 수업을 하기 위해 운동장으로 나갔습니다.
*體育(체육): 운동 등을 통하여 몸을 튼튼하게 기르는 일

어떻게 활용 할까요?

'쉬다'를 뜻하고 '휴'라고 읽어요.

편안하게 쉬어요, 쉴 휴

休

뜻 쉴 소리 휴

쓰는 순서에 맞게 따라 써 보세요.

| 쉴 휴 | 쉴 휴 | 쉴 휴 | 쉴 휴 |

뜻과 소리를 입으로 말하며 빈칸에 써 보세요.

너무 더운 나라에서는 한낮에 *휴식하는 시간을 갖는대요.

*休息(휴식): 하던 일을 멈추고 잠깐 쉼

어떻게 활용할까요?

'편하다'를 뜻하고 '편'이라고 읽어요.

쓰기 편한 휴대폰, 편할 편

便

뜻 편할 소리 편

 쓰는 순서에 맞게 따라 써 보세요.

便	便	便	便
편할 편	편할 편	편할 편	편할 편

뜻과 소리를 입으로 말하며 빈칸에 써 보세요.

많은 기계가 생활이 *편리하도록 도와줘요.
*便利(편리): 편하고 이로우며 이용하기 쉬움

어떻게 활용할까요?

'할아버지'를 뜻하고 '조'라고 읽어요.

사랑하는 할아버지, 할아버지 조

祖

뜻 할아버지 소리 조

쓰는 순서에 맞게 따라 써 보세요.

| 할아버지 조 | 할아버지 조 | 할아버지 조 | 할아버지 조 |

 뜻과 소리를 입으로 말하며 빈칸에 써 보세요.

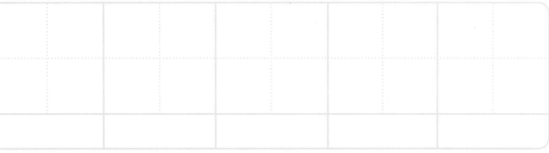

김치에는 우리 *조상들의 멋과 슬기가 담겨 있어요.
*祖上(조상): 돌아가신 부모님 위로 한 집안의 옛 어른들

어떻게 활용할까요?

'늙다'를 뜻하고 '로'라고 읽어요.

연세가 많으세요, 늙을 로

老

^뜻 늙을 ^{소리} 로

👀 쓰는 순서에 맞게 따라 써 보세요.

老	老	老	老
늙을 로	늙을 로	늙을 로	늙을 로

🤖 뜻과 소리를 입으로 말하며 빈칸에 써 보세요.

우리 동네에는 *노인들이 많이 살고 계십니다.
*老人(노인): 나이가 많은 사람

어떻게 활용 할까요?

'목숨'을 뜻하고 '명'이라고 읽어요.

태어나서 죽기까지, 목숨 명

뜻 목숨 소리 명

👀 쓰는 순서에 맞게 따라 써 보세요.

| 목숨 명 | 목숨 명 | 목숨 명 | 목숨 명 |

🤖 뜻과 소리를 입으로 말하며 빈칸에 써 보세요.

의학이 발달해서 사람들의 *수명이 늘어나고 있어요.
*壽命(수명): 생물이 살아 있는 연한

어떻게
활용
할까요?

'남편'을 뜻하고 '부'라고 읽어요.

우리 결혼했어요, 남편 부

夫

뜻 남편 소리 부

쓰는 순서에 맞게 따라 써 보세요.

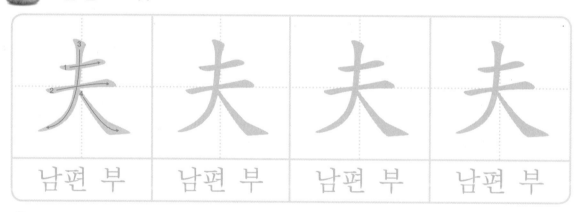

夫	夫	夫	夫
남편 부	남편 부	남편 부	남편 부

뜻과 소리를 입으로 말하며 빈칸에 써 보세요.

우리 부모님은 동네에서 사이좋기로 소문난 *부부예요.

*夫婦(부부): 남편과 아내

어떻게 활용할까요?

154

'있다'를 뜻하고 '유'라고 읽어요.

요리는 재미있어요, 있을 유

뜻 있을 소리 유

쓰는 순서에 맞게 따라 써 보세요.

有	有	有	有
있을 유	있을 유	있을 유	있을 유

뜻과 소리를 입으로 말하며 빈칸에 써 보세요.

오늘은 우리 고모가 *유부녀가 되는 결혼식 날입니다.

*有夫女(유부녀): 남편이 있는 여자

어떻게 활용 할까요?

155

'같다'를 뜻하고 '동'이라고 읽어요.

생김새가 똑같아요, 같을 동

同

뜻 **같을** 소리 **동**

 쓰는 순서에 맞게 따라 써 보세요.

同	同	同	同
같을 동	같을 동	같을 동	같을 동

뜻과 소리를 입으로 말하며 빈칸에 써 보세요.

내 *동생은 올해 다섯 살이에요.
*同生(동생): 같은 부모에게 태어난 손아래 사람

어떻게 활용할까요?

156

'오르다'를 뜻하고 '등'이라고 읽어요.

계단을 올라가요, 오를 등

登

뜻 오를 소리 등

쓰는 순서에 맞게 따라 써 보세요.

| 오를 등 | 오를 등 | 오를 등 | 오를 등 |

뜻과 소리를 입으로 말하며 빈칸에 써 보세요.

우리 학교의 *등교 시간은 9시입니다.

*登校(등교): 학생이 학교에 감

어떻게 활용할까요?

'글'을 뜻하고 '문'이라고 읽어요.

좋은 글을 읽어요, 글 문

文

뜻 글 소리 문

쓰는 순서에 맞게 따라 써 보세요.

| 글 문 | 글 문 | 글 문 | 글 문 |

뜻과 소리를 입으로 말하며 빈칸에 써 보세요.

이 노래에 대한 자신의 생각을 한 *문장으로 나타내세요.

*文章(문장): 생각, 느낌 등을 글로 표현한 것

어떻게 활용 할까요?

'묻다'를 뜻하고 '문'이라고 읽어요.

모르는 것을 물어요, 물을 문

問

뜻 물을　소리 문

쓰는 순서에 맞게 따라 써 보세요.

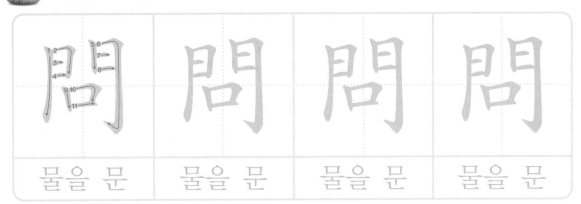

問	問	問	問
물을 문	물을 문	물을 문	물을 문

뜻과 소리를 입으로 말하며 빈칸에 써 보세요.

곱셈의 방법을 잘 몰라서 선생님께 *질문했다.
*質問(질문): 알고자 하는 바를 얻기 위해 물음

어떻게 활용 할까요?

'말씀'을 뜻하고 '어'라고 읽어요.

듣고 말해요, 말씀 어

뜻 말씀 소리 어

 쓰는 순서에 맞게 따라 써 보세요.

語	語	語	語
말씀 어	말씀 어	말씀 어	말씀 어

뜻과 소리를 입으로 말하며 빈칸에 써 보세요.

책을 많이 읽으면 *국어 실력이 좋아져요.
*國語(국어): 한 나라의 국민이 쓰는 말

어떻게 활용할까요?

'노래'를 뜻하고 '가'라고 읽어요.

즐겁게 노래해요, 노래 가

뜻 노래 소리 가

쓰는 순서에 맞게 따라 써 보세요.

歌	歌	歌	歌
노래 가	노래 가	노래 가	노래 가

뜻과 소리를 입으로 말하며 빈칸에 써 보세요.

우리 학교 *교가를 엄마, 아빠께 불러 드렸어요.
*校歌(교가): 학교를 상징하는 노래

어떻게 활용할까요?

'종이'를 뜻하고 '지'라고 읽어요.

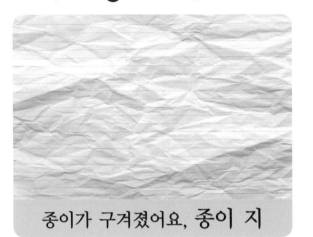

종이가 구겨졌어요, 종이 지

뜻 종이 소리 지

쓰는 순서에 맞게 따라 써 보세요.

| 종이 지 | 종이 지 | 종이 지 | 종이 지 |

뜻과 소리를 입으로 말하며 빈칸에 써 보세요.

고마우신 선생님께 *편지를 드렸어요.
*便紙(편지): 소식이나 안부를 적어 보내는 글

어떻게 활용할까요?

'나가다'를 뜻하고 '출'이라고 읽어요.

밖으로 나가요, 날 출

뜻 날 소리 출

쓰는 순서에 맞게 따라 써 보세요.

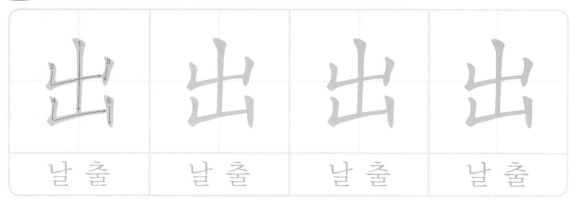

날 출	날 출	날 출	날 출

뜻과 소리를 입으로 말하며 빈칸에 써 보세요.

선생님께서는 아침마다 학생들의 *출석 체크를 하십니다.

*出席(출석): 어떤 자리에 나가 참석함

어떻게 활용할까요?

163

'오다'를 뜻하고 '래'라고 읽어요.

선생님이 오셨어요, 올 래

來

뜻 올 소리 래

쓰는 순서에 맞게 따라 써 보세요.

來	來	來	來
올 래	올 래	올 래	올 래

뜻과 소리를 입으로 말하며 빈칸에 써 보세요.

오빠는 항상 *내일부터 열심히 공부할 것이라고 말합니다.

*來日(내일): 오늘의 바로 다음 날, 다가올 앞날

어떻게 활용할까요?

'들어가다'를 뜻하고 '입'이라고 읽어요.

안으로 들어가요, 들 입

뜻 들 소리 입

👀 쓰는 순서에 맞게 따라 써 보세요.

들 입　　들 입　　들 입　　들 입

🤖 뜻과 소리를 입으로 말하며 빈칸에 써 보세요.

너의 초등학교 *입학을 축하해.
*入學(입학): 학생이 되어 학교에 들어감

어떻게 활용할까요?

165